SWINGFOOD

Markus Krassnitzer

Olivier Sortsch

INTERAKTIVES LESEVERGNÜGEN MIT DER **FREYA-BÜCHER-APP**!

Ab sofort können Sie unsere Bücher mit der *kostenlosen* App interaktiv entdecken. Videos, Zusatzinhalte und mehr Informationen aus den Freya Büchern steigern Ihr Lesevergnügen und bieten Ihnen faszinierende Einblicke.

So einfach geht's:

1. Laden Sie die *kostenlose* Freya-Bücher-App im Google Play Store oder im Apple App Store auf Ihr Smartphone oder Ihr Tablet.
2. Wählen Sie Ihr Buch aus der Liste in der Freya-Bücher-App aus und drücken Sie auf „Bild scannen". Automatisch wird Ihre Kamera aktiviert.
3. Halten Sie Ihr Smartphone oder Ihr Tablet jeweils über die Bilder in Ihrem Buch, die mit einem kleinen Handysymbol versehen sind.
4. Dann öffnen sich die zusätzlichen interaktiven Elemente von selbst. Schon haben Sie Zugang zu weiteren Informationen und Videos aus dem Buch.

Bilder mit diesem Symbol scannen

Hinweise:

Sollten die Bilder von der App nicht erkannt werden, stellen Sie bitte sicher, dass das Buch ausreichend beleuchtet ist, und verringern Sie gegebenenfalls den Abstand zur Kamera. Ihr elektronisches Gerät muss mit dem Internet verbunden sein.

FREYA APPT!

Markus Krassnitzer
& Olivier Sortsch

Swing Food

freya

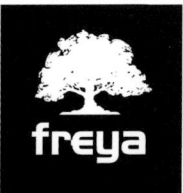

ISBN 978-3-99025-361-8
© 2018 Freya Verlag GmbH
Alle Rechte vorbehalten

Layout: Kristiane Ecker
Lektorat: Dorothea Forster

Fotos:

Food Fotos: Markus Krassnitzer/ Olivier Sortsch by Wesual Click, Moo & Olli Shooting: Petra Fröschl, Cover-Bild: Petra Fröschl, Illustration Seite 1: Mayank Kumar, Making-of Bilder Seite 108–107: Petra Fröschl, Making-of Bilder Seite 108–109: Gregor Kraftschik, Gruppenfoto Seite 109: Martin Dörsch, Stephan Wuthe: David Gauffin, Jean Veloz: Rusty Frank/Jean Veloz, Norma Miller: Maurizio Meterangelo, Maurizio Meterangelo: Mario Rinaldi, Augie Freeman: Augie Freeman, Evita Acre: Tamara Pinco, Belle Affair: Joe Vigerl, Frankie Manning: Ralph Gabriner / Frankie Manning Foundation, Rusty Frank: Rusty Frank, Florinan Pogats: Eric Bobrie, Marcus Koch: Petra Hannemann, Michael Jagger: Michael Jagger

Weiteres Bildmaterial siehe Seite 208

printed in EU

Anmerkung:

INHALT

VIDEO
Seite 90

VIDEO
Seite 103

VIDEO
Seite 104

VIDEO
Seite 121

VIDEO
Seite 19

SCANNE DAS BILD,
UM ZUR SWINGFOOD-PLAYLIST
AUF SPOTIFY ODER DEEZER
ZU KOMMEN!

LET'S DANCE
AND COOK!

PLAYLIST

» VIDEO
Trailer Swingfood

EINLEITUNG

Sehr geehrte Leserinnen und Leser, liebe Freunde, Bekannte und Wegbegleiter, coole Swing Kittens & Hep Cats, es freut uns wirklich sehr, dass wir Sie hier in unserem „SWINGFOOD Kochbuch" antreffen.

Für uns als Autoren ist es eine große Freude zu sehen, wie aus einer einfachen Idee im Kopf und vielen Arbeitsstunden etwas „Handfestes" entsteht und zu einem gebundenen Buch gewachsen ist, das wir nun in unseren Händen halten können.

Egal ob Sie sich für Musik, Kochen, Tanz oder den Lifestyle der Swing-Ära begeistern: Unser Ziel ist es hier, in diesem Buch, all das zu vereinen und Sie auf eine außergewöhnliche, bunte, spannende Lesereise zu entführen. Wir, Markus Krassnitzer und Olivier Sortsch, begleiten Sie als „Moo und Olli" durch unser neues Werk.

Markus Moo Krassnitzer, der gelernte Koch, Sozialarbeiter und Kinder-Kochbuch-Autor, kam vor einigen Jahren am Linzer Salonschiff Fräulein Florentine per Zufall mit der dort ansässigen Swing-Tanzszene in Berührung. Das Lindy-Hop-Tanzen zu locker-leichter Swing-Musik und der dazugehörende Lifestyle fesselten ihn dermaßen, dass er sich intensiver mit den Künstlern und der Geschichte der damaligen Zeit beschäftigte. Es ist naheliegend, dass Moo als Kultur- und Gastronomie-Affiner erkannte, dass Kochen, Musik und Tanz zweifelsohne eng miteinander verbunden sind, und so veranstaltet er erfolgreich den beliebten SWING BRUNCH am Salonschiff Fräulein Florentine, wo schon am Vormittag zum erweiterten Frühstücksbuffet das Tanzbein geschwungen wird.

Im Winter 2017, durch einen Krankenhaus-Aufenthalt gezwungen, ging Moo, mit seinem Laptop bewaffnet, seine DJ-Playlist mit Swing-Songs durch, um diese zu ordnen. Beim Sortieren und sorgfältigen Anhören der Lieder, vorwiegend Songs der 30er- bis 40er-Jahre, fiel ihm auf, dass sich Titel und Textpassagen vieler Lieder dieser Zeit mit Lebensmitteln oder Getränken auseinandersetzen. Waren es die Medikamente oder ist Moo in der Nacht wirklich der heilige Laurentius von Rom (Schutzpatron der Köche) erschienen, man weiß es nicht! Fakt ist, am nächsten Morgen entschied er, dieses Thema aufzugreifen und in einem Kochbuch zu verarbeiten.

So war die Idee geboren, die Songs nachzukochen. Nur wie? An dieser Stelle kommt Olivier „Olli" Sortsch auf den Plan. Moo erinnerte sich an einen ebenso tanz- wie musikverrückten Kochlöffels(ch)winger, den er auf so manchen Vespa-Ausfahrten getroffen hatte.

Als ehemaliger mehrfacher Österreichischer Boogie-Woogie-Senioren-Meister, Haubenkoch und Bruder im Geiste war Olli nach Anfrage um Beteiligung am Projekt „SWINGFOOD" sofort mit großer Euphorie mit an Bord.

Die beiden Küchenchefs packte der Eifer und sie kreierten zu jedem Song ihrer Playlist Rezepte und Gerichte, die sich neben dem Bezug zum Essen mit der damaligen Zeit und den Produkten auseinandersetzen. Eigene Kreativität und ein Hauch österreichische Kochkultur wurden in die doch amerikanisch-lastigen Speisen eingeflochten. Ob tanzen oder kochen, all dies machen Moo & Olli immer mit einer Riesenportion Kreativität.

„Wenn wir kochen, dann immer mit guter Musik im Hintergrund. Ein guter Beat beim Kochen ist für uns essenziell, denn er kann uns dabei helfen, unsere Gerichte zu verfeinern und etwas Sinnliches auf die Teller zu zaubern!"

Mit der Textpassage *„It does not mean a thing, if it is not got that swing!"* wünschen wir Ihnen genauso viel Spaß und Freude an diesem Buch, wie wir sie haben!

Viel Vergnügen beim Lesen, Nachkochen und Entdecken …

Moo & Olli

ONCE UPON A TIME ...

Swing! Ein, wie wir zugeben müssen, ziemlich amerikanischer Musikstil, der Ende der 1920er- und in den 1930er-Jahren in den USA unglaublich populär wurde.

Am sogenannten „Schwarzen Freitag" im Oktober 1929 fand in New York ein Börsenkrach statt. Die Folge, eine Weltwirtschaftskrise mit Armut, Not und einer hohen Arbeitslosigkeit. Davon war auch die Musik betroffen.

Einige Plattenlables waren am Ende. Viele der kleineren Jazz-Swing-Lokale mussten schließen und die dort auftretenden Künstler verloren ihre Engagements. Einige Künstler schlossen sich zu Big Bands zusammen. Auftrittsmöglichkeiten waren nur noch in Großstädten wie New York oder Chicago möglich. Dort spielten die Musikgruppen in riesigen Ballrooms. In diesen großen Räume ging die Musik der kleinen Combos unter. So kam es, dass die Bands weiter vergrößert wurden. Es entstanden die ersten Big Bands mit mehrfacher instrumentaler Besetzung. Es war ein vornehmlich weißes Publikum, das die Musik und Tanzpaläste besuchte. Deren Wunsch war es, eine eher glatte, aber fröhliche Tanzmusik geboten zu bekommen. Die Big Bands erfanden sich gerade und ihr neuer Musikstil wurde sehr beliebt.

In weiterer Folge wurde das Radio erfunden und half bei der Verbreitung des Swing. Die Big Bands fanden Einzug in die Wohnzimmer der Menschen. Die neue Musik wurde ein großer kommerzieller Erfolg und ein Symbol der Jugend.

In manchen Big Bands spielten erstmals Schwarze und Weiße zusammen. Swing wurde von nun an zu einem Symbol gesellschaftlicher Anerkennung der Schwarzen in der amerikanischen Gesellschaft. Louis Armstrong war bekannt als „Botschafter des Swing" und seine Popularität reichte bis nach Europa. 1939 reiste Duke Ellington nach Frankreich, wo er von einer tobenden Menge Fans empfangen wurde.

Dies war in Deutschland nicht der Fall, wo Swing, da es eine Form von Jazz war, von den Nazis verboten worden war. Während des Nationalsozialismus galt die Swing-Musik als Provokation, die gefährlich werden konnte. Swing-Tänze wie der Lindy Hop oder Jitterbugging und Suzy Q waren dennoch der letzte Schrei und Swing-Musiker wurden zu Stars bei der jüngeren Generation.

Um 1932 wurde Norma Miller von Herbert „Whitey" White entdeckt, als sie gerade 14 Jahre alt war. Da sie zu jung war, um in den Savoy Ballsaal zu gehen, tanzte sie oft draußen auf dem Bürgersteig, wo die Musik gut zu hören war. Das erste Mal, als Whitey sie sah, erschien sie aus dem Nichts auf der Tanzfläche und gewann einen Savoy Tanzwettbewerb mit George Twistmouth als ihrem Partner. Nicht lange danach beobachtete Whitey einige seiner Tänzer bei einem Wettbewerb im Apollo und wieder sah er die junge Norma, die seine Tänzer besiegte.

Am nächsten Tag erschien Whitey bei Norma zu Hause und sagte ihr, er würde es bevorzugen, wenn sie bei ihm anstatt gegen ihn tanzen würde. Er lud sie zu Whiteys Lindy Hoppers ein.

Dort lernte sie auch Frankie Manning kennen. Frankie war sehr talentiert und ging als Tänzer und Choreograf für die Whiteys Lindy Hoppers auf die Reise. Er spielte in mehreren Filmen mit, darunter „Everybody Sings" mit Judy Garland und „Hellzapoppin" gemeinsam mit Norma Miller und tourte dann durch die Welt mit den Jazz-Größen Ethel Waters, Ella Fitzgerald, Sarah Vaughn, Bill „Bojangles" Robinson, Duke Ellington, Count Basie, Cab Calloway und anderen.

Im Jahr 1941 wurde Frankie „Musclehead" Manning in einem Life-Magazin-Artikel für seine Arbeit zur weiteren Entwicklung des Lindy Hop hervorgehoben. Frankie Manning gilt bis heute als einer der wichtigsten Botschafter des Lindy Hop.

DIE SWING-MUSIK UND DEREN TÄNZE

Mit der Swing-Musik wird eine ganze Familie von Tänzen verbunden, welche ab Ende der 1920er-Jahre in den USA entstanden sind. Als deren Blütezeit werden die 1930er- und 1940er-Jahre gesehen. Zu den Swing-Tänzen gehören unter anderem Lindy Hop, Charleston, Shag, Balboa, West Coast Swing, Boogie-Woogie, Cakewalk und Big Apple.

Darüber hinaus kann man auch den Jive, Ceroc/LeRoc/Roc, Bugg und Rock 'n 'Roll zu den Swing-Tänzen zählen. Ebenso bedient sich der Discofox Elementen aus dem Swing.

Swing ist ein Rhythmus, der sich aus schwarzen Afro-Rhythmen und weißer Marschmusik zusammensetzt, und der in allen älteren Formen der Jazzmusik vorherrscht. Der Tanz entstand in den 1920er-Jahren in den großen Ballsälen New Yorks zur Musik der Big Bands, welche die Jazzmusik zur orchestralen Swing-Musik weiterentwickelten. Die Energie des Tanzes, die jazztypische Improvisation und die Offenheit für andere musikalische und tänzerische Einflüsse hat zu einem weiten Spektrum an typischen Bewegungselementen geführt, das sich bis heute weiter entwickelt und erweitert.

Die ursprüngliche Variante des Tanzes stammt aus dem Tanztempel Savoy Ballroom in Harlem (New York) und wurde als Lindy Hop oder Savoy-Style-Swing bezeichnet. Bei der weiteren Verbreitung wurden Einflüsse anderer Tänze wie Shag aufgenommen. Die bekannteste Variante ist der Hollywood-Style-Swing. Er wurde vor allem für die Filmindustrie in Hollywood getanzt und heißt nach seinem ersten Vertreter auch „Dean Collins Style". Um die Wende der 1940er/50er-Jahre entstanden, war er das „weiße" Pendant zum „schwarzen" Savoy-Style. Es kam darauf an, möglichst viel Aufmerksamkeit auf sich zu ziehen, d. h. es wurden vermehrt Show-Elemente eingesetzt, der Tanz wurde extrovertierter und verlor viel von seinem ursprünglichen Charakter.

Als die populäre Musik von Swing zu R&B und den Anfängen des Rock 'n 'Roll weiterging und in den USA die Anfänge einer medial gestützten Pop-Kultur entstanden, entdeckten zunehmend Teenager den Tanz, die ihn an die neuen Musikstile adaptierten. Vor allem die Medien und die weiße Bevölkerung nannten den Swing-Tanz auch „Jitterbug". Die US Army und die GI´s brachten ihn während und auch nach dem Zweiten Weltkrieg nach Europa. Hier entwickelte sich daraus unter dem Einfluss des etwas anderen Sounds der europäischen Tanzbands und der tänzerischen Fertigkeiten der Boogie-Woogie, für den der Hollywood Style wohl das wichtigere Vorbild war.

Mit Rock 'n 'Roll, Disco-Kultur und dem Niedergang der Big Bands verlor der Swing an Beliebtheit. Reste hielten sich im East bzw. West Coast Swing in den USA, im Ceroc/LeRoc/Roc in Frankreich und Großbritannien und im Bugg in Schweden. Auch im Jive, einem der fünf lateinamerikanischen Tänze des Welttanzprogramms, wurden einige der Grundelemente des Swings für den europäischen Turniertanz normiert.

Seit etwa 1985 gibt es ein weltweites Lindy-Hop-Revival, welches in Europa den Ursprung in Schweden fand. Dort findet auch einer der alljährlichen internationalen Swing-Höhepunkte, ein fünfwöchiger Swing-Workshop im schwedischen Herräng, statt.

VIELE VON AMERIKAS BERÜHMTESTEN TANZBEWEGUNGEN KAMEN AUS DER JAZZ-ÄRA.

Der Charleston. Der Tango. Der Trab. Der Shimmy. Diese Tanzbewegungen sind ebenso ein kulturelles Statement sowie eine unterhaltsame Art, die Nacht zu verbringen. Und raten Sie mal, wann sie alle entstanden sind. Stimmt! In der Swing-Ära.

JAZZ & SWING HALFEN, DEN SCHMERZ DER WELT-WIRTSCHAFTSKRISE ZU LINDERN.

Die Große Depression von 1929 bis 1939 in den Vereinigten Staaten. Das Geld war begrenzt, die Spannungen waren hoch und nur wenige Menschen waren noch nicht von Armut und Hunger betroffen. Während der ganzen Depression war es oft traurige Musik, die den Menschen half, mit den Kämpfen der Armut und des Hungers fertig zu werden.

Doch irgendwann wurden die Betroffenen des überwältigenden Gefühls der Hoffnungslosigkeit überdrüssig, vor allem die bereits unterdrückte afroamerikanische Gesellschaft. So wurde die Swing-Musik geboren. Die fröhlichen Stücke waren beliebt unter Menschen aller Rassen, Schichten und sozialen Hintergründe. Die Leute waren plötzlich wieder glücklich.

SWING-MUSIK SOLLTE DIE RASSENGLEICHHEIT FÖRDERN.

In der afroamerikanischen Community wurde der Swing als Ventil genutzt, um die Sehnsucht nach Rassengleichheit und Hass gegenüber der harten Unterdrückung auszudrücken, der sie viele Jahre lang ausgesetzt waren. Obwohl die Rassengleichheit noch sehr viele Schritte entfernt war, konnten Menschen aus allen Gesellschaftsschichten den eingängigen, lebhaften Swing-Melodien, die sie hörten, nicht widerstehen. In mehrfacher Hinsicht ist diese Scheinakzeptanz des Genres wohl einer der ersten Blicke für eine Aufweichung der Spannung zwischen Schwarz und Weiß. Schwarze machten die Musik und Weiße liebten es. Es schien einen schwindenden Hass zu geben, an dem die Musik beteiligt war. So wirkte es zumindest.

DAS SAXOPHON WAR URSPRÜNGLICH KEIN JAZZ-SWING-INSTRUMENT.

Die meisten Leute würden annehmen, dass das Saxophon immer ein fixes Instrument im Swing gewesen ist. Aber das populäre Instrument fand keinen Platz in dem Genre bis Mitte 1920, bis endlich die Six Brown Brothers berühmt wurden und dem Saxophon die verdiente nationale Aufmerksamkeit einbrachten, welche es verdient.

WIE SIND UNSERE REZEPTE AUFGEBAUT?

FOTO DES GERICHTS

FOTOS MIT DIESEM HANDY-SYMBOL ENTHALTEN EIN VIDEO!
SCANNE SIE MIT DER FREYA-BÜCHER-APP!

SONG,
DER DAS GERICHT INSPIRIERT HAT

VERBRANNTER TOAST

BURNT TOAST

veggie

DER VEGGIE-STEMPEL
KENNZEICHNET VEGETARISCHE REZEPTE
AUF DEN ERSTEN BLICK

GERICHT
AUF DEUTSCH UND ENGLISCH

2 Scheiben	Toastbrot
n.B.	Butter
n.B.	hausgemachte Marmelade

ZUTATENLISTE

★ Geben Sie montagmorgens, wenn der Wecker zu spät geklingelt hat bzw. Sie verschlafen haben, die letzten 2 Scheiben Toast, die sie zu Hause haben, in den Toaster.

★ Stellen Sie geschwind Butter und die gute hausgemachte Marmelade von Ihrer Schwiegermutter auf den Frühstückstisch. Dann ab ins Bad mit den Kindern, Zähne putzen, Morgentoilette.

★ Hund vor die Türe lassen, Postkasten ausleeren.

★ In die Küche zurückhetzen. Am Weg dorthin wundern, warum es streng riecht und es im Flur schon raucht. Entsetzt feststellen, dass auf der 10-stufigen Scala des Toasters die 9,5 eingestellt ist.

ZUBEREITUNG
SCHRITT FÜR SCHRITT

MOO & OLLI TIPP

Kindern Geld für die Jause mitgeben.

ZUSÄTZLICHE TIPPS
DER KÖCHE

AUGIE FREEMAN

Augie Freeman wurde in El Paso, Texas geboren, wo es kein Swing-Tanz-Angebot gab.

2001 trat er dem US-Militär bei und diente bis 2005 in der 1. Marine Divine, 1. Tank Bn, TOW Platoon. Unter anderem wurde er auch in Kalifornien stationiert, wo er den Lindy Hop entdeckte. Sofort begeisterten ihn der Swing-Tanz und die Swing-Musik. Als Marine- und Irak-Kriegsveteran, der dringend eine neue Lebenseinstellung brauchte, fand er diese nach seiner Rückkehr in die Heimat. Es ergriff ihn das Swing-Fieber und das rettete ihm wahrscheinlich das Leben.

Er ist unter anderem in dem Tanz-Film „Alive and Kicking" zu sehen. Dort beschreibt Augie, wie der Swing-Tanz ihm half, mit posttraumatischem Stress umzugehen, den er nach seinen Einsätzen im Irakkrieg 2003 und 2004 erlitten hatte.

„Die Leute zu sehen, die all die verrückte Fußarbeit, Bewegungen, Tricks und Würfe beim Tanzen machen … Sie tanzen zu dieser alten Musik, ziehen sich in Vintage-Klamotten an und haben unendlich viel Freude dabei. Das hat mich einfach umgehauen. Und ich dachte mir: … und wenn es den Rest meines Lebens dauert, ich lerne das so wie die … Und es gab mir einen Grund zu leben."

Augie Freeman ist ein in Los Angeles ansässiger Balboa- und Lindy-Hop-Tanzlehrer, dessen Leidenschaft und Begeisterung für Swing ihn seit 2003 am Tanzen hält. Seine Inspirationen sind Tanzgeschichte, alte Clips und Zeit mit „originalen" Tänzern. Als Lehrer konzentriert sich Augies Unterricht auf kreative Bewegungsfreude, partnerverbundenen Rhythmus und unbeschwerten Spaß. Seine Tanzabenteuer haben ihn querbeet durch die Vereinigten Staaten und nach Europa gebracht. Augie wurde 2012 in die California Swing Dance Hall of Fame aufgenommen und er nahm erfolgreich an vielen nationalen und internationalen Wettbewerben teil, darunter ILHC, NJC und der Lindy Hop World Cup.

Augie Freeman arbeitete ebenso als Visual & Interactive Designer.

Wir durften Augie Freeman zum Interview bitten und seine erste Reaktion auf unsere Anfrage war für uns sehr erfreulich:

„Hey Ihr zwei, das mit dem Buch ist eine großartige Idee, klingt köstlich und lustig, ich freu mich darauf!

Viele Swing-Songs, die sich aufs Essen beziehen, sind oft sehr mit einem Augenzwinkern zu betrachten und man muss schmunzeln. Ich denke definitiv, dass einige Songs eine doppelte Bedeutung haben.

Slim and Slam z. B. waren bekannte Marihuana-Raucher und machten daher viele Lieder über „Munchies" – Heißhunger-Snacks. Vielen Jugendlichen ist es heute wenig bekannt, dass Marihuana oder Jive, wie es einmal genannt wurde, ein sehr großer Teil der Jazzmusikkultur war, genauso wie es in der heutigen Musikindustrie andere Drogen sind.

Zu einem gewissen Grad waren Texte über das Essen eine Sehnsucht nach einer wohlhabenderen Zeit, aber ich denke, dass sie öfter mal mit einem Augenzwinkern eine Anspielung auf sonstiges unanständiges Verhalten waren.

Ja, ich koche gerne, aber ich würde nicht sagen, dass ich ein großer Feinschmecker bin.

Normalerweise koche ich jede Woche die gleichen Gerichte. Manchmal höre ich im Hintergrund Swing-Musik. Ich habe eine Sammlung von Schallplatten, die ich mit besonderer Freude abspiele, wenn ich Gäste habe."

See you,
Augie Freeman

augiefreeman.com

» VIDEO
Augie Freeman

FAVOURITE FOOD

Crepes   Pizza

Quiche   Jambalaya

19

HAXERLSULZ MIT SENF UND WURZELGEMÜSE HAM HOCKS & MUSTARD TERRINE

2	kleine Schweinshaxen, ca. 1 kg
2 EL	scharfer Senf
	eine kleine Handvoll Petersilie
1 Blatt	Gelatine
	große eingelegte Kapernbeeren

Für den Sud

500 ml	Apfelmost/Cider
	Wurzelgemüse:
	(2 Karotten,
	1 Stangensellerie,
	1 große gehackte
	Zwiebel, 2 Lorbeer-
	blätter, Thymian,
	Sternanis, ganze
	Pfefferkörner,
	1 EL Senfkörner

Für de Einlage

1 Tasse	Suppengemüse
	(Karotte, Sellerie,
	Lauch, gelbe Rübe)

★ Die Stelzen gemeinsam mit den Zutaten für den Sud sowie dem geschälten Wurzelgemüse in einen großen Topf geben.

★ Mit kaltem Wasser bedecken. Nun das Ganze ca. zwei Stunden kochen, bis sich das Fleisch vom Knochen löst. Danach abkühlen lassen.

★ Eine Terrinen-Form mit dem Öl einfetten und mit Frischhaltefolie glatt auslegen.

★ Das kalte Fleisch vom Knochen lösen und von den Knorpeln befreien.

★ Das Fleisch sowie das gekochte Suppengemüse in kleine Würfel schneiden.

★ Diese Würfel in einer Schüssel mit Senf und Petersilie vermischen und anschließend in die Terrinen-Form locker einfüllen.

★ Den Sud der Stelzen mit Cider und Gewürzen stark nachwürzen, durchsieben und abermals aufkochen. Anschließend von der Hitze nehmen.

★ In der Zwischenzeit die Gelatine für 5 Minuten in kaltem Wasser einweichen. Aus dem Wasser nehmen und überschüssige Flüssigkeit ausdrücken.

★ Die Gelatine in den noch warmen Sud einrühren.

★ Den Sud über das Fleisch gießen, bis das ganze Fleisch bedeckt ist. Mit Klarsichtfolie abdecken.

★ Für 3–4 Stunden oder über Nacht kühlen.

★ Zum Servieren aus der Form nehmen und in Scheiben schneiden.

MOO & OLLI TIPP

Mit einer Essig-Öl-Marinade, knackigen, feinen Zwiebelringen, frischen Radieschen, großen, einge-legten Kapernbeeren und getoastetem Schwarzbrot servieren.

POCHIERTES EI AUF TOAST MIT SPARGELSPITZEN, RÄUCHERLACHS UND HOLLANDAISE EGG BENEDICT

(4) Portionen

4	Eier (topffrisch)
2 cl	Tafelessig
4	Scheiben Toastbrot oder Vollkorntoast
6	Scheiben feiner Räucherlachs
1–2	Bund grüner Spargel Pfeffer (aus der Mühle) Kerbel und Estragon (für die Garnitur)

Für die Buttersauce

2	Eidotter
200 g	Butter (braune)
	Salz
	Tabascosauce (etwas)

Für die Reduktion

100 ml	Weißwein
50 ml	Rindsuppe
1 cl	Apfelessig
1 Zweig	Estragon (klein)
1 Stück	Schalotte (fein gehackt)
4	Pfefferkörner (weiße)

★ Alle Zutaten für die Reduktion vermengen und auf etwa 120 ml einkochen lassen. Kurz überkühlen.

★ Die Dotter mit der abgeseihten Reduktion über Wasserdampf mit einem Schneebesen (nicht über 90 °C, da die Eiermasse sonst ausflockt) sehr schaumig schlagen.

★ Lauwarme braune Butter einfließen lassen und stark einschlagen, bis die Konsistenz dickflüssig ist. Mit Salz und Tabascosauce abschmecken. Mit einem Tuch abdecken und warm stellen.

★ In einem kleinen hohen Topf mindestens 10 cm hoch Wasser und Essig aufkochen. Jedes Ei vorsichtig in eine mit Wasser ausgespülte Tasse schlagen, ohne dabei den Dotter zu verletzen.

★ Sobald das Wasser siedet (es darf nicht kochen), mit einem Kochlöffel das Wasser in Drehung bringen, das Ei langsam aus der Tasse gleiten lassen und ca. 5 Minuten ziehen lassen. Vorsichtig herausheben und abtropfen lassen.

★ Diesen Vorgang mit den anderen Portionen wiederholen.

★ Toastbrot entrinden und toasten.

★ Die gut abgetropften, pochierten Eier auf den – mit Räucherlachs und dem in Olivenöl angebratenen grünen Spargel – belegten Toast setzen.

★ Mit der warm gestellten Buttersauce überziehen und diese verteilen. Mit Kräutern garnieren und nach Belieben mit frisch gemahlenem Pfeffer bestreuen.

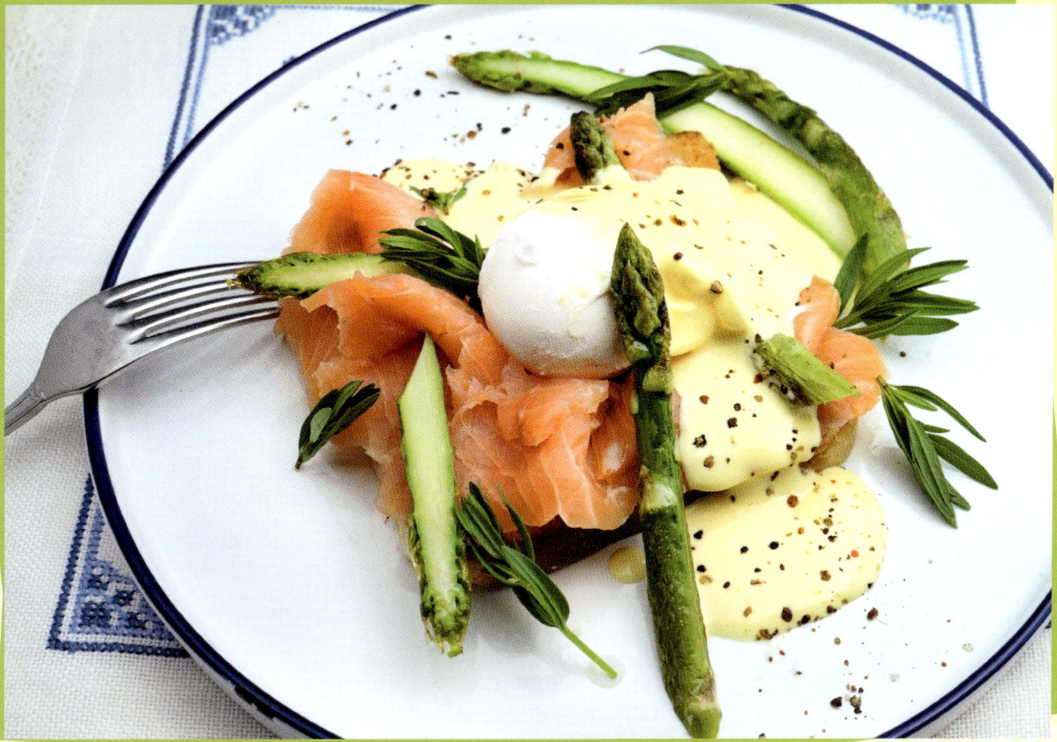

MOO & OLLI TIPP

Bei diesem Gericht können Sie auch gerne eine fruchtige Note einbringen und mit unserer süß-scharfen Mango-Hollandaise toppen.

RÖMISCHER SALAT IM PARMESAN-DRESSING MIT GEBACKENEM HÜHNERFILET IN CORNFLAKES-PANIER

CAESAR SALAD WITH CORNFLAKES CHICKEN TENDERS

2 Stk.	Römischer Salat (oder anderer Blattsalat mit kräftigen Blättern)
5 Scheiben	Toastbrot
3–4	Sardellenfilets
1	Eidotter
150–200 ml	Öl
2	Knoblauchzehen
1 KL	Dijonsenf
1 Spritzer	Worcestershiresauce
	Salz (aus der Mühle)
	Pfeffer (aus der Mühle)
	Olivenöl (zum Braten)
1–2	Limetten oder Zitronen (Saft)
	Parmesan (im Ganzen nach Belieben, frisch)

Für die Hühnerfilets

4	Hähnchenbrüste

Für die Marinade

1 l	Buttermilch
	Chicken Wing Hot Sauce oder etwas Tabasco
1 TL	Zucker, weißer

Für die Panier

500 ml	Milch
2	große Eier
500 g	Brösel
250 g	Mehl
250 g	Cornflakes, zerkrümelt
1 TL	Salz
1 TL	Pfeffer, schwarzer
n. B.	Fett, zum Frittieren

1949 wurden „Hold Me Baby" und „Chicken Shack Boogie" Amos Milburns erste größere Hits. Milburn war eines von 13 Kindern und begann mit 5 Jahren mit dem Klavierspielen. 1972 nahm er seine letzte Platte gemeinsam mit Johnny Otis auf. Da Milburn nach einem Schlaganfall halbseitig gelähmt war, spielt Otis für ihn die linke Hand am Klavier.

- ★ Für den „Caesar Salad" den Salat waschen und gut abtropfen lassen. In kleinere Stücke zupfen oder schneiden.

- ★ Sardellenfilets klein schneiden und mit Limettensaft vermengen.

- ★ Das Toastbrot entrinden, kleinwürfelig schneiden und in einer Pfanne mit etwas Olivenöl rundum knusprig rösten.

- ★ Nun Senf mit dem Knoblauch, einem Spritzer Worcestershiresauce, Salz sowie frisch gemahlenem Pfeffer mixen. Eidotter ebenfalls einrühren und mit den marinierten Sardellen untermengen. Mit dem Mixer rühren, dabei langsam das Öl unter ständigem Rühren einfließen lassen und so zu einem sämigen Dressing verrühren.

- ★ Die Hühnerbrüste in längliche Stücke schneiden. Danach mit der Buttermilch, der Hot Sauce und etwas Zucker marinieren.

- ★ Die Milch und die beiden Eier in einer Schüssel zusammenrühren.

- ★ In einer anderen Schüssel Semmelbrösel, Mehl, zerkrümelte Cornflakes, Salz und Pfeffer mischen.

- ★ Das Öl zum Frittieren erhitzen.

- ★ Die Chicken-Tenders zuerst durch die Eier- und dann durch die Brösel-Cornflakes-Mischung ziehen. Wenn alle Hähnchenteile paniert sind, im heißen Fett golden backen.

- ★ Den Salat mit dem Dressing beträufeln und mit den knusprigen Croûtons bestreuen. Parmesan darüberhobeln und Chicken-Tenders darauf verteilen.

MOO & OLLI TIPP

Caesar Salad als international bekannter Salat der US-amerikanischlastigen Küche wird Cesare Cardini, einem Italo-Amerikaner zugeschrieben. Cardini hatte ein Lokal namens „Restaurant Caesar's Place" im mexikanischen Tijuana. Zur Zeit der Prohibition war das Lokal nahe an der zur USA liegenden Grenzstadt in Mexico besonders gerne von US-Amerikanern frequentiert, da dort der Alkoholausschank legal war. Laut Angaben von Cardinis Tochter Rosa war am amerikanischen Nationalfeiertag, 4. Juli 1924, ein dermaßen großer Ansturm auf das Lokal, dem die Küchen-Crew kaum gewachsen war. Der Chef beschloss aus der Not, ein neues Gericht anzubieten, da noch ausreichend Salat vorhanden war, den „Caesar Salad".

SONG
Tulip Or Turnip – *Duke Ellington & His Orchestra*

veggie

ROTE-RÜBEN-CARPACCIO

FINE BEET CARPACCIO

Portionen

2	Knollen Rote Rüben (roh und geschält)
1 Handvoll	Pinienkerne
2	Champignons
2 Handvoll	Rucola
	etwas Balsamico-Essig
1 Schuss	Olivenöl
	etwas Parmesan (gehobelt)
	Salz
	Pfeffer

★ Die rohen Roten Rüben in hauchfeine Scheiben schneiden und auf dem Teller ausbreiten.

★ Die Champignons ebenfalls dünnblättrig schneiden und in die Mitte des Tellers legen.

★ Darauf dann je eine Handvoll Rucola locker verteilen.

★ In einer trockenen Pfanne die Pinienkerne leicht bräunen und darüberstreuen.

★ Ein wenig Balsamico-Essig mit einem guten Schuss Olivenöl, Salz und Pfeffer verrühren und den Salat damit beträufeln.

★ Oben darauf etwas Parmesan hobeln und servieren.

Ellington stammte aus dem schwarzen Kleinbürgertum Washingtons. Er war der Sohn des Oberkellners James Edward Ellington, der einmalig als Butler im Weißen Haus arbeitete. Später betrieb er einen Party-Service und versuchte seine Kinder zu erziehen, als würden sie in einem wohlhabenden, gutbürgerlichen Haushalt aufwachsen.

Duke Ellington war bekannt für seine ausgeprägte Eitelkeit und seinen herrischen und manipulativen Umgang mit seinen Band- und Familienmitgliedern. So erlaubte er etwa seiner Schwester nicht, ohne Begleitung aus dem Haus zu gehen. Sein Sohn Mercer sagte über ihn: „Er regiert mit eiserner Hand in einem Glacé-Handschuh."

MOO & OLLI TIPP

Wer es noch pikanter möchte, kann Sauerrahm mit Limettensaft, Salz, etwas Cayenne-Pfeffer und Wasabi-Paste abschmecken und unter das Carpaccio bringen.

RUCOLA-FRUCHT-SALAT

RUCOLA SALAD AND FRUIT

	Rucola
	Erdbeeren
	Himbeeren
	Wassermelone
	Avocado
	Kiwi
	Saft einer Zitrone
1 EL	Apfelessig
3 EL	Olivenöl
1 TL	Honig
	Salz
	Wildkräutersalat mit
	Blüten

★ Mit dem Saft einer Zitrone, dem Honig, Apfelessig, dem Olivenöl und Salz eine Marinade machen.

★ Wildkräutersalat mit Blüten und Rucola waschen, trocken schleudern und mit der Marinade vorsichtig abmischen.

★ Nach Saison und Geschmack mit Blüten, Avocado, Obst und Beeren garnieren.

MOO & OLLI TIPP

Unser Rucola-Frucht-Salat ist einfach vorzubereiten und so ganz nebenbei ein wahres Schlankschlemmer-Gericht, nicht nur an heißen Sommertagen.

SÜSS-SCHARFE MANGO-HOLLANDAISE

SWEET AND SPICY MANGO HOLLANDAISE

250 g	*Butter*
4	*Eigelb*
1	*Mango*
1,5 EL	*Mango-Chutney*
1 TL	*Pfefferkörner weiß*
1	*Schalotte*
1 TL	*Olivenöl*
3 EL	*Weißwein*
1 Prise	*Salz*
1 MS	*Cayenne-Pfeffer*

★ Butter klein schneiden, in einem Topf zerlassen und klären (Wasseranteil verkocht und Trübstoffe setzen sich ab bis zur goldbraunen Nussbutter).

★ ½ Mango schälen, Fruchtfleisch vom Stein lösen und klein schneiden.

★ Für die Reduktion die Pfefferkörner zerdrücken, die Schalotte schälen und in feine Ringe schneiden. Dann diese Zutaten mit Wasser, der Mango, dem Mango-Chutney und dem Wein langsam einkochen. Danach mixen, abseihen und zur Seite stellen.

★ Das Eigelb (Zimmertemperatur) über Wasserdampf cremig schlagen und die Mango-Gewürzreduktion einschlagen.

★ Vom Wasserbad nehmen, die geklärte Butter vorsichtig einrühren und so eine cremig-schaumige Hollandaise zaubern.

★ Mit Salz und Cayenne-Pfeffer abschmecken.

Cootie Williams war einer der einflussreichsten und kreativsten Jazztrompeter der Swing-Ära.

Er wurde als Charlie Melvin Williams 1911 in Alabama geboren. Sein Trompetenspiel ähnelte dem von Louis Armstrong, dennoch konnte er es perfektionieren. Sein Markenzeichen aber wurde sein Growl-Spiel. Growling ist eine Spieltechnik bei Blasinstrumenten, bei der der gespielte Ton durch gleichzeitiges Singen eines anderen oder desselben Tons gebrochen und so der Klang verfremdet wird. Es entsteht ein heiserer, aggressiverer Ton.

» VIDEO
Mango-Hollandaise

TYPISCH AMERIKANISCHER
KRAUTSALAT COLESLAW

250 g	Karotten
1 EL	Mayonnaise (hausgemacht, siehe „Frim-Fram-Sauce")
1 Prise	Pfeffer
1 TL	Salz
2 Becher	Sauerrahm
2 EL	Weinessig
½ Kopf	Weißkraut, fein streifig geschnitten
1 EL	Zucker
1	Zwiebel
1 EL	Ananas-Curry etwas Butter
2 EL	Orangensaft
1	kleine Ananas

⭐ Das Weißkraut fein streifig schneiden oder hobeln und mit Salz und Zucker vermengen, die Mischung 1½ Stunden stehen lassen, um dem Kraut die Flüssigkeit zu entziehen.

⭐ Danach alles kräftig ausdrücken und abtropfen lassen. Karotten raspeln, Zwiebel würfeln und in Butter farblos anschwitzen, beides hinzufügen.

⭐ Nun Sauerrahm, Mayonnaise, Orangensaft, Weinessig, Ananaswürfel sowie das Ananas-Curry verrühren und alles gut mit dem Gemüse mischen.

⭐ Mit Salz und Pfeffer abschmecken und servieren.

MOO & OLLI TIPP

Der Arkansas Coleslaw ist ein Klassiker aus der amerikanischen Küche, ob zu Chicken Wings oder Crispy Strips, das Rezept ist sehr einfach. Es ist ein sehr günstiges Gericht und die ideale Zuspeise bei Ihrem nächsten Fest oder einer BBQ-Party.

Für unser Rezept haben wir den Klassiker mit frischer Ananas und Ananas-Curry abgewandelt.

» VIDEO
Florian Pogats

34

FLORIAN POGATS

Ich war klein und dick und habe keinen Sport gemacht, deswegen musste ich immer mit meiner Mutter in der Küche tanzen, damit ich zumindest etwas mache. Heute ist das Tanzen ein wichtiger Teil von mir, der mir viele Türen geöffnet hat.

Wenn ich dazukomme, koche ich auch gerne und dann tatsächlich eher nur Gemüse. Aber ein ordentliches Steak darf es schon auch mal sein. Da ich die Autoren kenne, freut es mich, dass auch Sie dieses Buch jetzt in Händen halten. Essen ist einfach eine Inspiration. Dann darf man auch mal ein Lied darüber schreiben.

Die Zweideutigkeit war in der früheren Zeit doch ganz bewusst angelegt. Vieles konnte und durfte man einfach nicht direkt sagen. Man möge dabei nur an die Bedeutung des Begriffs Boogie-Woogie denken.

Die Phantasie ist in schwierigen gesellschaftlichen Phasen oft das Einzige, was den Menschen noch bleibt. Nicht selten haben sich Soldaten im Krieg Essen vorgestellt, um den Hunger auszublenden. Umso weniger der Mensch hat, umso mehr muss er diesen Mangel durch die Phantasie ausgleichen. Die Musiker der „Great Depression" haben somit den Zeitgeist besungen und den Nerv der Gesellschaft getroffen. Es sind die Gesellschaft und die Leidenschaft, die jeweils durch Musik, Essen, Partys und Leute entstehen und die dann vieles Negative vergessen lassen. Mir fallen einige Lieder, die vom Essen handeln, ein, warum sollte man sich immer auf den Singular beschränken?

Heute esse ich, um fit zu bleiben, viel Ingwer und Salat! Aber nach einem schönen Schweinebraten schaut jeder gut aus. Das Leben braucht eine gewisse Prise Salz, sonst wird es nur fad!

Über Florian Pogats:

Florian Pogats war mit 21 Jahren Deutscher Meister im Boogie-Woogie. Neben seinem Vollzeit-Studium der Politikwissenschaften und des öffentlichen Rechts an der katholischen Universität Eichstätt ist er mittlerweile im Marketing tätig. Er und seine Tanzpartnerin Veronika Pfeffer geben Trainingsseminare, sind als Moderatoren auf diversen Tanzveranstaltungen anzutreffen und Florian ist leidenschaftlicher Hutsammler.

boogie-woogie-dance.de

 *Das Leben braucht eine gewisse Prise Salz, sonst wird es nur fad!*

BRENNNESSEL-ERDÄPFELSUPPE

NETTLE POTATO SOUP

750 ml	klare Gemüsesuppe
400 g	Erdäpfel
100 ml	Schlagobers
50 ml	Sauerrahm
50 g	Bergkäse, gerieben
1	kleine Zwiebel
1 EL	Butter oder Pflanzenöl
1	Knoblauchzehe, fein gehackt
2	Lorbeerblätter
etwas	Salz
1 Prise	Muskatnuss, gerieben
etwas	weißer Pfeffer
1 TL	Butter
½ Bund	Kerbel/Brennnesseln, frisch

★ Erdäpfel schälen und vierteln, Zwiebel schälen und fein würfeln.

★ In einem Suppentopf das Fett erhitzen und die Zwiebelwürfel darin anschwitzen.

★ Knoblauch zugeben und – bevor er Farbe bekommt – die Erdäpfel und Lorbeerblätter.

★ Mit Gemüsesuppe aufgießen. Mit Salz, Pfeffer und Muskatnuss würzen und köcheln lassen.

★ Nach ca. 30 Minuten die Lorbeerblätter entfernen und die Erdäpfel in der Flüssigkeit mit einem Mixstab pürieren.

★ In der Zwischenzeit die Brennnesselblätter in stark gesalzenem Wasser blanchieren.

★ Obers, Rahm, Bergkäse und den Brennnesselspinat zugeben, alles erneut aufmixen und abschmecken.

★ Die Suppe anrichten, mit frischen Brennnesselblättern garnieren.

MOO & OLLI TIPP

Wie Uropa immer zu sagen pflegte: „Nichts hatten wir nach dem Krieg! Gar nichts! Nur Trümmer! Steine gelutscht haben wir gegen den Hunger! Nur Steine! Ab und zu mal eine Brennnessel. Roh! Und sonntags eine Kartoffel. Eine! Für die ganze Familie! 15 Leute!" – So entstehen Geschichte & Gerichte.

GARNELEN-SCHAUMSUPPE MIT WHISKEY CRAB CHOWDER

400 g	Scampi oder Langostinos mit Schale
1	Zwiebel
1 Tasse	Suppengemüse
50 g	Butter
4 cl	Whiskey
1 EL	Tomatenmark
½ l	Fischfond
125 ml	Schlagobers
1	Vanilleschote
	Salz
	Cheyenne-Pfeffer
1 Bund	Petersilie

★ Zwiebel schälen, fein hacken und in der Butter anschwitzen.

★ Das Wurzelgemüse schälen, klein schneiden und mitrösten, kann und soll Farbe bekommen.

★ Danach das zerkleinerte Krabbenfleisch mit Schalen hinzugeben, einige Minuten mit anrösten, dann das Tomatenmark einrühren und mit dem Whisky ablöschen.

★ Fischfond und Schlagobers zugießen, Vanilleschote dazugeben und die Suppe im geschlossenen Topf 15 Minuten köcheln lassen.

★ Mixen und passieren, abschmecken und mit gehackter Petersilie bestreuen.

MOO & OLLI TIPP

Wer es edel will, kann Hummer- oder Langusten-Karkassen als Grundbasis verwenden.

MAISCREMESUPPE
CORN CHOWDER

2 Dosen	Maiskörner
3	Kartoffeln
200 ml	Obers
400 ml	Hühnersuppe oder Gemüsefond
200 ml	Milch
2	Karotten
1 TL	Thymian, frisch
250 g	Speck, gewürfelt
1	Zwiebel, gehackt
	Salz
	Pfeffer
	evtl. Paprikaschoten, rot, geputzt und klein gewürfelt

★ Den gewürfelten Speck in einem mittelgroßen Topf ohne Fett auslassen. Wenn das Fett aus dem Speck geschmolzen ist, die Zwiebel dazugeben und glasig braten.

★ Mit Hühnersuppe und Milch ablöschen.

★ Kartoffeln schälen und würfeln, die Karotten grob raspeln. Kartoffeln und Karotten mit dem Thymian zur Suppe geben und für 20–30 Minuten bei milder Hitze kochen lassen, sie sollen butterweich werden.

★ Den Mais und die Sahne zur Suppe geben. Noch einmal ganz leicht aufkochen lassen und mit Salz und Pfeffer abschmecken.

★ Mit dem Mixer pürieren und durch ein feines Küchensieb passieren.

MOO & OLLI TIPP

Zum Anrichten mit einem Schuss hochwertigem Maiskeim-Öl toppen. Wenn Sie es etwas bunter mögen, garnieren sie mit Paprika und Kräutern.

MANDI GOULD – FRANKIE MANNING FOUNDATION

Als Erstes muss ich sagen, ich liebe Essenslieder und habe diese als Djane auch in der Vergangenheit oft aufgelegt. Deshalb ist auch für mich dieses Buch eine absolute Empfehlung.

Ich mache mir jeden Morgen einen grünen Smoothie! Ich liebe Salate aller Art und ich koche die verschiedensten und probiere viel aus, aber im Moment sind meine favorisierten Gerichte „Who's Kale?" – ein beliebter Grünkohlsalat, der in der Toronto Swing Dance Community serviert wird, und als warmes Gericht gefallen mir im Moment wahrscheinlich Vegan Macaroni und „Cheeze" und knusprig gebackene Auberginen mit Parmesan am besten. Wenn ich selber koche, dann immer mit einem Jazz-Radiosender im Hintergrund.

Wenn ich an die Food-Songs denke, ist einer meiner Favoriten natürlich die fiktive „Frim-Fram-Sauce". Ich finde es toll, dass Moo & Olli dieser nun in vorliegendem Buch ein Gesicht geben, so dass ich sie nun auch selber machen kann. Weitere Songs, die mir einfallen, ohne lange nachzudenken, sind „All that meat and no potatoes", „Everybody eats when they come to my house" und „Potato chips".

Ich habe das Gefühl, dass die Dinge während der Swing-Ära viel weniger kompliziert waren, und ich mag die naive und eingängige Herangehensweise an viele Lieder, die unkompliziert und einfach ist. Ich nehme an, die Leute haben das Essen in einer Zeit der Armut anders gewürdigt.

Da ich selbst eine gesundheitsbewusste Feinschmeckerin bin, habe ich einen Blog über grüne Smoothies und Saft:

greensmoothiesandjuice.com

Ich würde mich freuen, wenn Sie auch hier vorbeischauen.

Wenn Sie mehr über mich und mein Leben mit Lindy Hop lesen wollen, folgen Sie mir unter diesem Link:

dance.mandigould.com/lindy-hop-story

Ich wünsche Ihnen viel Spaß mit diesem Buch und viel Erfolg beim Kochen.

Ihre Mandi Gould

» VIDEO
Mandi Gould

FASCHIERTER BRATEN IM SPECKHEMD
BACON BOMB

1 ½ kg	gemischtes Faschiertes
700 g	Hamburger Speck
1	Paprika, rot
1	Paprika, grün
150 g	Cheddar
4 EL	BBQ-Rub (siehe Lamm-Burger)
	BBQ-Sauce ihres Vertrauens

★ Das Faschierte mit dem BBQ-Rub-Gewürz ausgiebig durchkneten.

★ Die Paprika werden vom Kerngehäuse befreit und in kleine Stücke, der Cheddar in etwa 5 x 5 mm große Streifen geschnitten.

★ Auf ein Stück Backpapier die Faschierte-Masse ca. 2 cm dick verteilen, flach drücken. Darauf verteilt man Paprika und Cheddar gleichmäßig.

★ Zu einer „Bombe" rollen und die Enden gut verschließen, damit später kein Käse auslaufen kann.

★ In der Zwischenzeit flicht man aus dem Speck ein „Baconnetz". Funktioniert am besten gleich auf einem Backpapier.

★ Die gefüllte Bombe auf das Specknetz legen, fest einrollen und 2–3 Stunden im Kühlschrank durchziehen lassen.

★ Ofen bzw. indirekten Griller auf ca. 160 °C vorheizen.

★ Die Garzeit der Bacon-Bomb beträgt insgesamt ca. 1 ½ Stunden, bis eine Kerntemperatur von 68–70 °C erreicht ist.

★ Wenn die Kerntemperatur bei etwa 50 °C liegt, glasiert man die Bacon-Bomb mit einer BBQ-Sauce nach Wahl.

MOO & OLLI TIPP

Ist die gewünschte Kerntemperatur erreicht, nimmt man den Hackbraten vom Grill und lässt ihn 5 Minuten ruhen. Würde man die Bacon-Bomb gleich anschneiden, läuft die Füllung sofort aus, da der Käse sehr flüssig ist. Um das zu vermeiden, sollte man mit dem Anschnitt ein paar Minuten warten.

» VIDEO
The Bacon Bomb

BBQ BRUSTSPITZRIPPERL SOUS VIDE

MR. FLOWERS SPECIAL BBQ RIBS

 **Portionen**

4 Stk.	Brustspitzrippchen oder Spareribs (ganze Länge)

Für die Marinade

6 EL	Olivenöl
4 El	Honig
8 EL	Sojasauce
3 EL	Zucker
1 Dose	Tomaten, gewürfelt
2 TL	Chilipulver
10 EL	Apfelsaft

★ Eine Spareribs-Marinade selbst herzustellen, ist super einfach und überhaupt kein Aufwand. Es sind nur einige Grundregeln zu beachten.

★ Verwenden Sie ein hochwertiges Öl, passierte Tomaten, Honig oder Ahornsirup, etwas Zucker (am besten braunen Rohrzucker), etwas Schärfe (wie z. B. Chilipulver oder frische Chilis, Tabasco, etc.), Sojasauce oder Worcestershire-Sauce und etwas Säure, damit das Fleisch schön mürbe wird z. B. Apfelsaft, Ananassauce oder Orangensaft. Auch Bier oder sogar Cola kann man verwenden.

★ Alle Zutaten gut vermischen, das Fleisch damit gut einmassieren und über Nacht einmarinieren lassen. Je nach der Dicke des Fleisches sollte man die Rippchen mindestens 90 Minuten bei gleichmäßiger Hitze von ca. 130–150 °C im Backrohr zugedeckt oder im Smoker indirekt grillen.

Pat Flowers begann seine Karriere als professioneller Pianist mit 18 Jahren, im Club Uncle Tom's Cabin.
Im Song „Save the Bones for Henry Jones" wird ironischerweise Bezug darauf genommen das dieser eben kein Fleisch esse:
But we'll save the bones for Henry Jones
Cause Henry don't eat no meat

MOO & OLLI TIPP

Ein Besuch beim Metzger lohnt sich, er bereitet die Spareribs wie gewünscht vor.

Die Dicke des Fleisches kann so je nach Geschmack entschieden werden. Den Fleischermeister auch gleich bitten, die Silberhaut am Knochen zu entfernen, diese wird beim Grillen hart und das ist beim Essen oft unangenehm.

BEIRIEDSCHNITTE MIT PFEFFERBUTTER UND ZUCCHINI-KARTOFFELPUFFER

RUMPSTEAK WITH PEPPERBUTTER & POTATO ZUCCHINI PANCAKES

 **Portionen**

Für die Beiriedschnitten

4	Rumpsteaks (à 250 g, ca. 3 cm dick)
3 EL	Öl
	grobes Salz
	Knoblauch
	frischer Rosmarin
	Pfeffer
	Alufolie

★ Für die Rumpsteaks den Backofen auf 80 °C Heißluft vorheizen.

★ Das Fleisch, wenn möglich nicht direkt kalt vom Kühlschrank braten, sondern mindestens 1 Std. vorher auf Zimmertemperatur bringen, so kann sich das gute Stück besser entspannen.

★ Etwas Öl in einer Pfanne erhitzen, Knoblauch mit der Schale sowie einen Zweig frischen Rosmarin dazugeben und die Rumpsteaks hineinlegen.

★ Nicht andrücken oder schwenken. Pro Seite die Steaks ca. 3 Minuten anbraten.

★ Die Steaks auf eine vorbereitete Alufolie legen und mit Salz und Pfeffer würzen und gut verpacken.

★ Im Backofen weitere 10 Minuten rasten lassen.

DIE REZEPTE ZU PFEFFER-BUTTER UND ZUCCHINI-KARTOFFELPUFFER FINDEST DU AUF DEN NÄCHSTEN SEITEN

MOO & OLLI TIPP

Vom Holzkohlegriller schmeckt das Fleisch 1000 Mal besser.

Bei perfekter Glut heiß angrillen und danach rasten lassen. Immer erst nach dem Braten würzen, so verbrennen die Gewürze nicht und werden nicht bitter!

» VIDEO
Rumpsteak

49

ZUCCHINI-KARTOFFELPUFFER

POTATO ZUCCHINI PANCAKES

4 Portionen

800 g	Kartoffeln, geschält
3 EL	Kartoffelstärke
1	Ei
1	Zucchini, fein geraspelt
	Muskatnuss
	Pfeffer
	Salz
2 EL	Rapsöl

★ Für die Kartoffelpuffer die rohen Kartoffeln reiben, das Wasser ausdrücken und die geriebene Masse mit etwas Kartoffelstärke oder Sojamehl binden.

★ Ein Ei daruntermischen.

★ Die fein geriebene Zucchini ausdrücken, unter die Masse rühren und diese mit Salz, Pfeffer und Muskatnuss würzen.

★ Kleine Küchlein formen und die Kartoffelpuffer in heißem Öl goldgelb braten.

MOO & OLLI TIPP

Sollte die Masse zu feucht sein, einfach Semmelbrösel beimengen und zur gewünschten Konsistenz bringen.

Auf knackigen Salaten serviert oder mit einem Sauerrahm-Knoblauch-Kräuterdip sind Zucchinikartoffelpuffer nicht nur als Beilage geeignet!

PFEFFERBUTTER PEPPERBUTTER

(4) Portionen

250 g	Butter
1 EL	eingelegte grüne Pfefferkörner
2 EL	rosa Pfefferbeeren
	frisch gemahlener schwarzer Pfeffer
	Cayenne-Pfeffer
1 Schuss	Worcestershire Sauce
	Salz
	englischer Senf
	frischer Kerbel

★ Die Butter in einem kleinen Topf klären bis zur braunen Butter, danach durch ein feines Sieb lassen und kalt stellen.

★ Anschließend die grünen Pfefferkörner und die rosa Pfefferbeeren sowie die gezupften Kerbelblätter grob hacken.

★ Jetzt die gekühlte Butter mit dem Handmixer oder der Küchenmaschine sehr schaumig schlagen.

★ Die Gewürze wie Worcestershire Sauce, Senf, Cayenne-Pfeffer und Salz beimengen, abschmecken und die gehackten Zutaten beifügen.

MOO & OLLI TIPP

Die Masse entweder auf eine Frischhaltefolie geben und eine Rolle formen oder dekorativ in kleine Keramikschüsseln füllen und kalt stellen.

BOHNENEINTOPF MIT MAISBROT

BEANS AND CORNBREAD

Für die Bohnen

4 Tassen	trockene Pinto-Bohnen
4 Scheiben	Speck, 1 cm dick
1 TL	Salz
	gemahlener schwarzer Pfeffer
1 Dose	geschälte Tomaten
2	Knoblauchzehen
1	Zwiebel

Für das Maisbrot

1 Tasse	geschmolzene Butter
1 Tasse	weißer oder gelber Maisgrieß
½ Tasse	Weizenmehl glatt
1 TL	Salz
1 Tasse	Buttermilch
½ Tasse	Milch
1	Ei
1 Msp	Backpulver
1 Pkg	Trockenhefe

★ Die Bohnen in kaltem Wasser über Nacht einweichen, abseihen und abspülen. Mit kaltem Wasser bedeckt zustellen.

★ Den Speck in 1 cm dicke Stücke schneiden, mit der grob geschnittenen Zwiebel und dem Knoblauch braun anbraten und in den Topf dazugeben. Alles zum Kochen bringen, dann Hitze reduzieren und abdecken. Ca. 1 Stunden köcheln lassen oder bis die Bohnen weich sind. Geben Sie nach Bedarf die geschälten Tomaten in den Topf dazu. Die Bohnen sollten zu einer gebundenen Masse einkochen.

★ Gegen Ende der Kochzeit Salz und Pfeffer hinzufügen und abschmecken. Chilipulver, Knoblauch oder Tabasco nach Geschmack gerne noch dazugeben.

★ Für das Maisbrot den Ofen auf 180 °C vorheizen.

★ Maisgrieß, Mehl, Backpulver, Trockenhefe und Salz in einer Rührschüssel vermengen.

★ In einer separaten Schüssel Buttermilch, Milch und Ei vermengen.

★ Mischen Sie die nassen Zutaten in die trockenen Zutaten. Alles zu einem Teig durchkneten und zu einer Kugel geformt unter einem Geschirrtuch eine weitere halbe Stunde aufgehen lassen.

★ Den Teig abermals durchwalken. Einen Laib formen und in eine gefettete Kastenform (ca. 1500 ml Volumen) setzen. Bei geschlossenem Deckel etwa eine Stunde gehen lassen.

★ Die Oberfläche mit Wasser bestreichen und das Brot 50–60 Minuten backen. Dazwischen das Maisbrot abermals mit Wasser bepinseln.

MOO & OLLI TIPP

Hülsenfrüchte beim Kochen nie salzen da sie so nicht weich werden. Das fertige Bohnenragout rustikal in einer Schüssel mit Maisbrot servieren. Kann mit kleinen Schälchen geriebenem Käse, gehackten Zwiebeln, gehackten frischen Jalapenos, Joghurt und/oder Koriander serviert werden.

CHICKEN-GUMBO MIT MAISBROT

CHICKEN GUMBO WITH CORNBREAD

 **Portionen**

Roux

80 ml	Erdnussöl
65 g	Mehl
1	große Zwiebel
1	grüner Paprika
2	Stangen Sellerie
2	Knoblauchzehen
200 g	Andouille (geräucherte Schweinewurst)
400 g	Hühnerfleisch
1 l	Suppe
2	Lorbeerblätter
160 g	Okraschoten
	Öl zum Braten

Gewürze (TL gestrichen)

2 ½ TL	Paprikapulver, nicht edelsüß
1 TL	frisch gemahlener, schwarzer Pfeffer
¼ TL	Cayenne-Pfeffer
½ TL	getrockneter Thymian
¼ TL	getrockneter Oregano

Zum Servieren

gekochter, weißer Reis
unser Maisbrot

★ Zwiebel, Paprika, Sellerie und Knoblauch klein würfeln und die Okras in dünne Scheiben schneiden.

★ Die Wurst ebenso dünn schneiden und in einer Pfanne anbraten. Herausnehmen und bereitstellen.

★ Dann das Hühnerfleisch waschen und trocken tupfen. Paprika, Pfeffer und Cayenne-Pfeffer mischen und das grob geschnittene Fleisch mit der Hälfte der Gewürzmischung bestreuen.

★ Etwas Öl in die Pfanne geben, in der die Wurst angebraten wurde, und das Hühnerfleisch von beiden Seiten anbraten. Aus der Pfanne nehmen und ebenso beiseitestellen.

★ Das geschnittene Gemüse in einer eigenen Pfanne anbraten. Den Knoblauch und den Rest der Gewürze gegen Ende hinzufügen und mitdünsten.

★ Für den Roux in einer sauberen Pfanne mit schwerem Boden das Erdnussöl erwärmen und langsam mit einem Schneebesen das Mehl einrühren. Den Roux rund 30 Minuten bei mittlerer Hitze unter ständigem Rühren mit einem Holzkochlöffel karamell-farben bräunen. Wichtig ist, dass dabei nichts anbrennt, da es sonst bitter wird und man von vorne beginnen muss.

★ Währenddessen die heiße Suppe und einen zusätzlichen, großen Topf herrichten.

MOO & OLLI TIPP

Gumbo unterscheidet sich in der Zubereitung in die kreolische und die Cajun-Küche in Louisiana. Nur hell- bis mittelbraun wird die Einbrenn (Roux) bei der kreolischen Variante gebräunt. Die kreolische Küche sieht sich mehr als leichtes „city food" entgegen dem deftigen „country style" Cajun. Hier ist die Mehlschwitze oft sehr dunkel, vergleichbar mit der Farbe von Milchschokolade. Dadurch wird der Geschmack intensiver.

In einem klassischen Gumbo-Eintopf mit Zwiebel, Staudensellerie, Okraschoten (sie dienen auch zum Eindicken) und Paprika sind pikant geräucherte Schweinewurst, oft auch Geflügel, Rindfleisch oder Meeres- tiere als Einlage zu finden. Filetstücke und Edelteile zu verwenden ist übrigens übertrieben. Authentisch sind Truthahnhals, Ochsenschwanz oder Siedefleischteile. Weißer Reis ist die obligatorische Beilage, die beim Anrichten zuerst in das Teller kommt und dann mit dem Gumbo aufgefüllt wird. Es wird zum Abschluss mit Petersilie und geschnittenen Jungzwiebeln bestreut.

★ Das angebratene Gemüse und den Roux in dem großen Topf bei mittlerer Hitze vermengen. Danach rund einen halben Liter heiße Suppe Schöpflöffel für Schöpflöffel langsam in das Gumbo einrühren. Erst wenn sich die Suppe mit dem Gumbo verbun- den hat, mit dem nächsten Schöpflöffel fortfahren. Der Rest der Suppe kann langsam eingegossen werden, so lange bis die gewünschte Konsistenz erreicht ist.

★ Danach gibt man die Wurst und das Huhn hinzu und lässt alles 40 Minuten auf kleiner Flamme ohne Deckel köcheln. Das Gumbo dickt dabei etwas ein.

★ Den Reis in der Mitte der Teller verteilen, mit Gum- bo übergießen und mit unserem Maisbrot servieren.

CHOP SUEY MIT REIS

CHOP SUEY

250 g	Basmatireis
3 cm	Ingwer
2	Knoblauchzehen
300 g	Chinakohl
300 g	Karotten
2	rote Paprika
100 g	Erdnüsse
300 g	Schweinsschnitzel
3 EL	Sonnenblumenöl
1 EL	Kristallzucker
80 ml	Sojasauce
1 EL	Speisestärke
60 g	Bambussprossen (Glas)

★ Reis nach Packungsanleitung garen.

★ Ingwer und Knoblauch schälen und fein hacken. Chinakohl in Streifen schneiden.

★ Karotten der Länge nach halbieren und in ca. 1 cm dicke Scheiben schneiden. Paprika in dicke Streifen schneiden.

★ Nüsse grob hacken und beiseitestellen.

★ Fleisch kalt abspülen, trocken tupfen und in schmale Streifen schneiden.

★ 1 EL Öl in einer großen Pfanne oder in einem Wok erhitzen. Fleisch rundum kross anbraten, herausnehmen und die Pfanne mit Küchenpapier auswischen.

★ Restliches ÖL (2 EL) darin erhitzen. Karotten, Knoblauch und Ingwer zugeben und ca. 2 Minuten braten. Kohl und Paprika zugeben und das Gemüse weitere 4 bis 5 Minuten bissfest braten.

★ Mit Zucker bestreuen und leicht karamellisieren lassen.

★ Sojasauce mit Stärke und 200 ml kaltem Wasser verrühren. Fleisch und gut abgetropfte Bambussprossen in die Pfanne geben, unter Rühren aufkochen und ca. 2 Minuten köcheln lassen.

★ Reis und Chop Suey in Tellern anrichten und mit den gehackten Nüssen servieren.

MOO & OLLI TIPP

Angeblich entwickelte ein chinesischer Koch in den USA das Rezept im Auftrag eines Diplomaten, der eine Diätspeise benötigte. Nach einer anderen These soll Chop Suey in San Francisco entstanden sein, als ein Kunde nach Geschäftsschluss noch etwas essen wollte, woraufhin der Koch die Reste des Tages in einen Wok warf und noch einmal erhitzte. Heute ist es in vielen westlichen Ländern als Gericht chinesischer Art bekannt, nicht jedoch in China selbst.

DUNKLES HÜHNERRAGOUT & NUDELTERRINE NORTH CAROLINA CHICKENSTEW

1	Hühnchen (ca. 1,5 kg)
	Salz
	Pfeffer
3 EL	Butter
150 g	Räucherspeck
200 g	Zwiebeln (fein gehackt)
200 g	Champignons
1 TL	Tomatenmark
1 TL	Mehl
¼ l	Rotwein
125 ml	Hühnerbouillon
1	Knoblauchzehe (zerdrückt)
	Pfefferkörner
	Thymian
	Makkaroni
¼ l	Sauerrahm
3	Eier
	Salz
	Muskatnuss
	Pfeffer

★ Für das Ragout Hühnchen in 8 Stücke teilen, mit Salz und Pfeffer einreiben und in Butter rundum anbraten. Herausnehmen und warmstellen.

★ Im Bratenrückstand Räucherspeck in Würfel geschnitten, Zwiebeln und Champignons zugeben, kurz durchrösten und Tomatenmark einrühren.

★ Mit Mehl stauben, mit der Hälfte des Rotweins ablöschen und aufkochen lassen.

★ Hühnerbouillon und den restlichen Rotwein eingießen.

★ Mit Knoblauch, Pfefferkörnern und Thymian würzen.

★ Die fertige Sauce über die Hühnchen gießen und in einer feuerfesten Form im Backofen weichschmoren. Mit Salz und Pfeffer das Hühnchen in Rotwein abschmecken.

★ Makkaroni kochen, abschrecken und in eine mit Butter sowie Brösel ausgefettete Terrinen-Form geben.

★ Sauerrahm mit den Eiern und Gewürzen glattrühren und über die Makkaroni geben, gut durchmischen.

★ Bei 140 °C im Rohr backen, quer aufschneiden. Passt sehr gut zu Saucengerichten.

MOO & OLLI TIPP

Hühner-Stew oder Mull ist ein traditionelles Gericht aus North Carolina, aus dem Hinterland von South Carolina und Georgia. Es ist eine Art von Eintopf, bestehend aus sanft gegarten, ganzen Hühnchen in einer gebundenen Sauce. Traditionell wird der Eintopf in den späten Herbst- und Wintermonaten serviert. In Nord-Georgia wird diese Zeit des Jahres oft als „Mull Saison" bezeichnet.

MARCUS KOCH

Ich bekam zu meinem 18. Geburtstag einen Tanzkurs von meiner Mutter und Oma geschenkt. Ich wollte jedoch nicht gehen. Meine Mutter fragte aber meinen besten Freund, ob er mitgeht, und er sagte „Ja". Nach zwei Jahren Standard/Latein entdeckte ich Boogie Woogie und dann war es um mich geschehen. Das war meins. Ein paar Jahre später entdeckte ich Lindy Hop und traf 1991 Frankie Manning in Schweden.

Aus dem Hobby wurde zuerst eine erfolgreiche Turnierkarriere (6-facher Deutscher Meistern, 3 Mal Vizeweltmeister und einmal Weltmeister) und dann sogar mein Beruf.

Inzwischen tanze ich mit meiner Tanzpartnerin, Bärbl Kaufer, seit 26 Jahren. Wir unterrichten seit viele Jahren rund um den Globus. Seit 13 Jahren veranstalten wir das Rock That Swing Festival, das inzwischen eines der größten internationalen Festivals für die Tänze der 20er- bis 50er-Jahre ist. Wir hatten noch das Glück, mit vielen der originalen Tänzer aus den 30er- bis 50er-Jahren zu arbeiten. Man kann also getrost behaupten, dass Tanzen mein Leben verändert hat.

Ich koche gerne selbst, am liebsten gutes, leichtes, gesundes Essen, z. B. Griechischer Salat Plus (+ Walnüsse, Cranberrys, Oregano, evtl. Heidelbeeren oder Blaubeeren) und nur mit Öl.

Gourmet Sesam Knäckebrot mit Parmaschinken, Salat und Parmesan, Fleischpflanzerl mit Karotten- und Zuchinifüllung plus Bulgur, Lachssteak gegrillt, Maronencremesuppe, Kürbis-Karotten-Suppe und Tiramisu (das Lächeln danach lässt einen gut aussehen) sind meine Lieblingsgerichte.

Ich weiß nicht, ob es damals eine Sehnsucht war, warum viele Songs vom Essen handelten, aber die Zweideutigkeit einiger Songs war der einzige Weg, Lieder an den Zensoren vorbeizubekommen, z. B. „Big Ten Inch Record".

Banana Split for my Baby / Potato Salad / I like Pie, I like Cake / Pizza Pie sind Swingfood-Songs, die mir spontan einfallen.

**Herzlichst,
Marcus Koch**

*worldofswing.com
rockthatswing.com*

ENTENLASAGNE MIT KNUSPRIGEN BRÖSELN DUCK LASAGNA WITH CRUNCHY CRUMBS

1	ganze frische Ente (ca. 2 kg) Olivenöl
3	Knoblauchzehen
1 Bund	frischer Majoran (30 g)
700 g	frischer Spinat
etwas	geriebene Muskatnuss
2	Zwiebeln
2	Karotten
1	Stangensellerie
200 ml	Rotwein
4 Dosen	geschälte Tomaten
2	frische Lorbeerblätter
2	Gewürznelken
400 g	frische Nudelblätter
40 g	Parmesan Meersalz Pfeffer, schwarz

Für die Béchamel

100 g	Butter
100 g	Mehl
1 l	warme Milch
75 g	Mozzarella
75 g	beliebiger Reibkäse Salz, Pfeffer, Muskat

Für das krosse Mundgefühl

1	altbackene Semmel frische Petersilie

Nudelteig (optional)

400 g	Tipo 00 Mehl, zusätzlich zum Abstauben
75 g	feiner Grieß
12	große Freilandeier
2 EL	natives Olivenöl extra

MOO & OLLI TIPP

Auch Enten- oder Gansel-Bratenreste, die vom Festschmaus über sind, eignen sich für dieses doch etwas aufwendigere Rezept. Übrig gebliebenes Entenfett einfach im Kühlschrank aufbewahren, es eignet sich zum Beispiel perfekt, um Bratkartoffeln zu machen.

★ Das Backrohr auf 180 °C vorheizen.

★ Die Ente mit Öl, Meersalz und schwarzem Pfeffer würzen und für 2 Stunden in den Ofen geben, bis sie goldbraun und knusprig ist. Das ausgetretene Bratenfett abtropfen lassen und aufheben.

★ Den Entenbraten abkühlen lassen. Entfernen Sie die Haut, das Fett und die Knochen von der Ente.

★ Knoblauchzehen schälen und in feine Scheiben schneiden. Mit etwas Entenfett anbraten, bis der Knoblauch leicht golden ist. Den gewaschenen, geputzten Spinat dazugeben, mit Muskat abschmecken und andünsten. Lassen Sie den Spinat in einem Küchensieb abkühlen, während Sie das Ragout machen.

★ Dazu die Zwiebeln, den Stangensellerie und die Karotten schälen und in feine Würfel schneiden. Bei mittlerer Hitze mit etwas Entenfett goldbraun anrösten. Mit Rotwein ablöschen und einkochen lassen.

★ Fügen Sie das in Würfel geschnittene, gebratene Entenfleisch hinzu, die Dosen-Tomaten und die Gewürze wie Lorbeerblätter und Nelken. Ca. 1 Stunde leicht köcheln lassen und immer wieder umrühren, eventuell etwas Wasser beigeben.

★ Für die Béchamel Butter in einem hohen Topf bei mittlerer Hitze schmelzen lassen und das Mehl einrühren, bis die Butter alles aufnimmt und bindet. Mit der erwärmten Milch unter ständigem Rühren zügig aufgießen, weiter erhitzen, bis eine dicke, weiße Sauce entsteht. Vom Herd nehmen und den Mozzarella und Reibkäse einrühren, mit Salz, Pfeffer und Muskat abschmecken.

★ Den Boden einer Auflaufform mit einer Schicht Spinat bedecken und mit Nudelteigblättern abdecken. Danach die Teigblätter mit einer Schicht Ragout, einer dünnen Schicht Spinat, einer Schicht weißer Sauce und einer weiteren Schicht Nudeln stapeln. Wiederholen Sie das noch zwei Mal und beenden Sie das Ganze mit einer Schicht weißer Soße. Als Abschluss obenauf die Lasagne großzügig mit Parmesan bestreuen und ca. 40 Minuten lang bei 180 °C golden backen. Vor dem Servieren ca. 15 Minuten rasten lassen.

★ Die Semmel und die Petersilie in der Küchenmaschine mit der Entenhaut und etwas Entenfett zu feinen Bröseln reiben lassen. In einer großen, beschichteten Pfanne goldbraun anbraten, abschmecken und beim Servieren über die Portion streuen.

FASCHIERTER BRATEN MIT KARTOFFEL-PÜREE UND GEGRILLTEN MAISKOLBEN

MEATLOAF WITH MASHED POTATOES AND GRILLED CORNCOB

Für den Faschierten Braten

1 ½ kg	Faschiertes gemischt oder nur Rinderfaschiertes
2	Semmeln, altbacken, eingeweicht, ausgedrückt
3	Zwiebeln, fein geschnitten
3	große Eier, verquirlt
2 EL	Petersilie, frisch geschnitten
2 Zehen	Knoblauch, fein gehackt
250 g	Cheddarkäse, gehobelt
3	kleine Chilischoten, rot, getrocknet, Schärfe nach Wahl
2 EL	Worcestersauce

Für die Mashed Potatoes

4	Ofenkartoffeln mehlig
300 ml	Milch
50 g	Butter
	Knoblauch, fein gehackt
	Thymian
	Lorbeerblatt

Für die gegrillten Maiskolben

4	Maiskolben essfertig
	Butter

Faschierter Braten

★ Für die Fleischmasse alle vorbereiteten Zutaten mit dem Faschierten in eine Schüssel geben.

★ Alles gut verkneten und kräftig würzen.

★ Aus der Masse einen Laib formen.

★ Den Ofen auf 160 °C vorheizen und den Faschierten Braten ca. 50 Minuten garen (Kerntemperatur 80 °C).

Mashed Potatoes

★ Die ungeschälten Kartoffeln, Knoblauch, Thymian, Lorbeerblatt und Meersalz in einen Topf mit kaltem Wasser aufstellen.

★ Die Kartoffeln darin gar kochen.

★ Die gekochten Kartoffeln aus dem Wasser nehmen, unbedingt heiß schälen, in einen Topf geben, mit Milch aufgießen und auf dem Herd wieder heiß werden lassen.

★ Mit einem Stampfer die Kartoffeln zerquetschen und dabei die Butter zugeben. Stampfkartoffeln mit Salz und Pfeffer abschmecken.

Grilled Corncob

★ Die Maiskolben in Salzwasser erwärmen, mit brauner Butter bestreichen und in der Grillpfanne anbraten.

MOO & OLLI TIPP

Ein Löffel Crème frâiche zum Schluss in den Kartoffelstampf ziehen sowie den Faschierten Braten mit Speck umwickeln und schon hat man eine Geschmackssteigerung.

GEBACKENER KABELJAU IM BIERTEIG

CLASSIC FISH AND CHIPS

300 g	glattes Weizenmehl
1 Flasche	dunkles Bier oder Mineralwasser
800 g	Fisch (Kabeljau oder Waller)
	Öl zum Frittieren
	Salz
	Pfeffer
	Malzessig
	Zitrone(n)
½ Pkg.	Backpulver

★ Mehl mit Salz, Pfeffer und Backpulver vermengen, mit dem Bier, einem Schuss Malzessig und Honig glatt rühren, bis die Konsistenz des Teigs an Pancake-Teig erinnert.

★ Damit der Teig am Fisch hängen bleibt, darf er nicht zu dünnflüssig sein.

★ Jetzt den Fisch mit ein wenig Mehl bestäuben und durch den Bierteig ziehen.

★ Für circa 10 Minuten in 160 °C heißem Fett goldbraun frittieren und auf Küchenkrepp abtropfen lassen.

★ Servieren Sie den goldgelb gebackenen Fisch klassisch englisch, in Zeitungspapier, und würzen Sie mit einer Prise grobem Meersalz.

MOO & OLLI TIPP

Hausgemachte Kartoffel-Wedges und eine Portion „Frim-Fram-Sauce", Herz, was willst du mehr?

Jordan war einer der erfolgreichsten afro-amerikanischen Musiker des 20. Jahrhunderts. Er begann seine Karriere im Big Band Swing-Jazz in den 1930er-Jahren, aber er wurde berühmt als einer der führenden Praktiker, Innovatoren und Popularisierer des Jump Blues, einer swingenden, Up-Tempo, tanzorientierten Mischung aus Jazz, Blues und Boogie Woogie.

GEGRILLTE ALLIGATOR-SPIESSE MIT PAPRIKA, SPECK UND FRIM-FRAM-SAUCE GRILLED GATOR SKEWERS WITH PEPPER AND BACON & FRIM-FRAM-SAUCE

500 g	Alligator-Filet (tief-gekühlt zu kaufen)
100 g	Frühstücksspeck
	Cherrytomaten
	Gelber Paprika
	BBQ Gewürzsalz (oder unser Zitronensalz)
	Pfeffer, frisch gemahlen
1	Zwiebel
1	gepresste Knoblauchzehe
30 g	Butterschmalz, evtl. Öl zum Braten oder am Holzkohlegrillgaren Holzspieße

★ Das Alligator-Fleisch langsam auftauen lassen, in kleine Würfel schneiden und mit dem Gewürzsalz, Pfeffer und dem zerdrückten Knoblauch würzen und kurz einmarinieren lassen.

★ Den gelben Paprika und die Zwiebel auch grob würfelig schneiden.

★ Wenn Sie Holzspieße verwenden, vorher diese in Wasser einweichen, damit sich nach dem Braten die Zutaten vom Spieß leichter lösen lassen.

★ Dann die Spieße stecken, indem Sie abwechselnd die Zutaten aufspießen.

★ Die Alligator-Spieße gut durchbraten oder grillen, mit Coleslaw Salat und Frim-Fram-Sauce servieren.

MOO & OLLI TIPP

Auch wenn Alligator-Fleisch nicht immer leicht zu bekommen ist, so lohnt es sich doch, es zu besorgen. Warum: Alligator enthält zwei Mal so viel Eiweiß wie Rindfleisch und hat gleichzeitig deutlich weniger Fett und praktisch kein Cholesterin. Der Geschmack ist ebenfalls alles andere als schlecht.

HAUSGEMACHTE GRILLSAUCE MIT RAUCHAROMA BBQ-STYLE HOME MADE BBQ SAUCE

4	Scheiben Bauchspeck (Hamburger)
1	Zwiebel weiß
4	Knoblauchzehen
40 g	Honig
200 ml	Wasser
4 cl	Whiskey
120 g	brauner Rohzucker
150 ml	Apfelessig
2	Limetten
1 EL	Tomatenketchup
1 EL	Englischer Senf
2 TL	Worcestershiresauce
	Salz
	weißer Pfeffer
	Tabasco nach Geschmack
	ev. 1 Dash Liquide Smoke (flüssiges Raucharoma)

★ Den Speck in feine Würfel schneiden und in einem Topf knusprig ausbraten.

★ Wenn dieser sehr kross ist, herausnehmen und abkühlen lassen.

★ Im übrigen Fett den feinst geschnittenen Zwiebel und Knoblauch goldgelb anbraten, die restlichen Zutaten sowie die 200 ml Wasser dazugeben und bei mittlerer Hitze einkochen lassen, bis die gewünschte Konsistenz erreicht ist.

MOO & OLLI TIPP

Für die vegetarische Version eignet sich geräucherter Tofu als Speck-Ersatz.

Als Ableitung mit eingelegten Jalapeños in die fertige Sauce wird aus der BBQ Klassik eine „Hot"-Version.

Diese Sauce schmeckt herrlich zu gegrilltem Fleisch oder Geflügel sowie als Marinade für die nächsten Spareribs!

HONIG-KORIANDER-KAROTTEN

HONEY CORIANDER CARROTS

1 ½ kg	orange und lila Karotten
1 Bund	Koriander
1 EL	Koriandersamen
2 EL	Sonnenblumenöl
2–3 EL	Sesamöl
4 EL	Limettensaft
2 EL	flüssiger Honig
½ TL	Kreuzkümmelsamen
	Salz
	Pfeffer
	Backpapier

★ Ofen vorheizen (E-Herd: 200 °C Umluft; Gas-Herd: 180 °C), Backblech mit Backpapier auslegen.

★ Karotten schälen und waschen. Die großen längs halbieren, alle auf dem Blech verteilen. Koriander waschen und trocken schütteln, die Blättchen samt Stielen grob hacken. Mit beiden Ölen, Limettensaft, Koriandersamen, Honig und Kreuzkümmel vermengen. Mit Salz und Pfeffer würzen.

★ Die Hälfte über die Karotten träufeln und im heißen Ofen ca. 30 Minuten backen.

★ Das restliche Dressing über das fertige Gericht träufeln und mit frisch gezupften Koriander-Blättern garnieren.

MOO & OLLI TIPP

Das Ofengemüse schmeckt als Hauptgericht, z. B. zu Kartoffelstampf oder Brot und Dips wie Sour Cream oder Humus. Als Beilage nur die halbe Menge zubereiten und zu Geflügel, Steak, Kotelett oder Fischfilet servieren.

MAKKARONI-AUFLAUF MIT TOMATEN & KÄSE MACARONI-TOMATOES & CHEESE

500 g	*Makkaroni*
	Salz
1	*Zwiebel*
30 g	*Butter*
2 EL	*Mehl*
100 ml	*Schlagobers*
400 ml	*Milch*
100 g	*geriebener Parmesan*
	Pfeffer aus der Mühle
	Cayenne-Pfeffer
200 g	*Cherrytomaten*
	Schnittlauch, geschnitten für die Garnitur

★ Den Ofen auf 180 °C Umluft vorheizen.

★ Die Makkaroni in Salzwasser sehr bissfest kochen, abgießen und abschrecken.

★ Die Zwiebel schälen und fein würfeln. Die Zwiebelwürfel in heißer Butter anschwitzen, das Mehl untermengen, kurz mitschwitzen und mit dem Schlagobers und der Milch aufgießen. Unter Rühren ca. 5 Minuten köcheln lassen. Die Hälfte des Käses unterrühren.

★ Mit Salz, Pfeffer und Cayenne-Pfeffer abschmecken. Die Tomaten waschen und halbieren.

★ Die Nudeln mit den Tomaten vermengen und in eine Auflaufform füllen. Die Sahnesauce darübergießen.

★ Den restlichen Käse darüberstreuen und alles im vorgeheizten Ofen ca. 25 Minuten goldbraun backen.

MOO & OLLI TIPP

Unsere hier vorgestellten „Macaroni-Tomatoes & cheese" (oft auch in der Kurzform mac and cheese) sind ein sehr gängiges Nudelgericht in Nordamerika sowie Großbritannien und ein fester Bestandteil der amerikanischen Alltagsküche. Macaroni and cheese gehören in vielen Diners & Restaurants zum Standardangebot. Besonders beliebt sind sie auch als Beilage zum Barbecue.

VOR DEM BACKEN

BUNTER NIERENEINTOPF KIDNEY STEW

500 g	Kalbsnieren oder Lammnieren
4 EL	Öl zum Braten
1	Knoblauchzehe, gepresst
1 EL	Tomatenketchup
2	Karotten
1 Dose	rote Bohnen
2	Zwiebeln in Würfel geschnitten
1 TL	Worcestershiresauce
	Salz
	schwarzer Pfeffer
4 cl	Brandy
100 ml	Schlagobers
	gekochte, heiße Kartoffeln
	frische Petersilie, gehackt

★ Entfernen Sie die gesamte äußere Membran und säubern Sie die Nieren vom Fett. Dann vorsichtig unter fließendem Wasser waschen.

★ In gut gesalzenem, kalten Wasser etwa 30 Minuten einweichen und einmal Wasser wechseln. Das Wässern der Nieren ist wichtig, da es den Geschmack verbessert.

★ Währenddessen das Öl auf niedriger Flamme erhitzen, Karotten in Würfel geschnitten sowie Zwiebeln und Knoblauch dazugeben und goldbraun anschwitzen.

★ Die Nieren aus dem Wasser nehmen und gut auf einem saugfähigen Tuch abtrocknen.

★ In kleine Stücke schneiden, in einer Pfanne kross anbraten und die Zwiebel-Knoblauch-Mischung dazugeben. Mit Ketchup, Worcestershiresauce, Salz und Pfeffer abschmecken.

★ Die roten Bohnen dazugeben. Einige Minuten bei niedriger Flamme köcheln lassen.

★ Den Brandy zugießen, kurz einkochen lassen und das Schlagobers einrühren.

★ Die heißen, geschälten Kartoffeln in grobe Stücke schneidern und mit den Nieren schwenken. Mit frischer, gehackter Petersilie servieren.

MOO & OLLI TIPP

Kidney Stew (Niereneintopf) servierte man meist mit Waffeln. Da die Arbeit oft hart war und die Menschen eher bescheiden lebten, war er in dieser Form in den späten 40er- und frühen 50er-Jahren essentiell beim Frühstück. In diesem Eintopf wurde neben Nieren alles Mögliche verarbeitet, Innereien wie Hirn und Leber, aber auch Eier und Hühnerherzen sowie Schweinefüße. Es gab verschiedene Varianten und man nahm das, was man gerade hatte.

PERLHUHNBRUST MIT HIMBEER-SEMMELFÜLLE GUINEA FOWL BREAST WITH RASPBERRY BREAD

4	Semmeln vom Vortag
150 ml	Milch
4	Perlhuhn-Brüste
	Meersalz
	Pfeffer aus der Mühle
1	Ei
2 EL	gemischte, gehackte Kräuter (Rosmarin und Petersilie)
1 Msp.	frisch geriebene Muskatnuss
1 Msp.	abgeriebene Zitronenschale unbehandelt
1	Knoblauchzehe
2 EL	Semmelbrösel
2 EL	gefriergetrocknete Himbeeren
2 EL	Studentenfutter
4 EL	Rapsöl

★ Die Semmeln in dünne Scheiben schneiden. Die Milch erwärmen und über die Semmelscheiben geben, dann 10 Minuten ziehen lassen.

★ Die Perlhuhn-Brüste waschen und trocken tupfen. Mit der Hautseite nach unten auf der Arbeitsfläche ausbreiten. Mit Salz und Pfeffer würzen.

★ Die eingeweichten Semmeln mit dem Ei, Kräutern, etwas Salz, Muskat, geriebener Zitronenschale, Himbeeren, Studentenfutter und Bröseln vermengen. Die Haut der Perlhuhn-Brüste anheben und die fertige Masse einfüllen.

★ Den Ofen auf 180 °C Unter- und Oberhitze vorheizen.

★ Das Öl in einem kleinen Topf mit der Butter schmelzen lassen. Den Knoblauch schälen und dazupressen. Mit ein wenig davon ein tiefes Backblech oder eine Bratreine auspinseln. Die Perlhühner rundherum mit dem Öl bestreichen und hineinlegen (Hautseite nach oben).

★ Im heißen Ofen (Mitte) ca. 30 Minuten garen, dabei immer wieder mit dem Öl-Butter-Gemisch bepinseln.

MOO & OLLI TIPP

Das Perlhuhn ist eine echte Delikatesse. Sein dunkles Fleisch ist zart, saftig und erinnert im Geschmack leicht an Fasan. Das Federkleid ist mit kleinen weißen Tupfen gezeichnet, die wie Perlen aussehen, darum die Namensgebung.

Meleagros wurde, laut der griechischen Mythologie, nach seinem Tod von den geliebten Schwestern, die in Vögel verwandelt worden waren, bitterlich beweint. Der Sage nach tropften ihre Tränen auf das Gefieder der Vögel, welche wie Perlen aussahen.

SÜSSKARTOFFEL-CURRY MIT LINSEN & PAPADAMS SWEET POTATO

2	rote Zwiebeln
3 EL	Rote-Curry-Paste
etwas	Olivenöl
1	frische rote Chili
1	Stück Ingwer
etwas	frischer Koriander
3	Süßkartoffeln
400 g	gekochte Linsen
8	reife Tomaten oder
400 g	Dose Tomaten in Würfeln
400 ml	leichte Kokosmilch

★ Das Olivenöl in einem großen Topf bei mittlerer Hitze erwärmen. Zwiebeln schälen, fein schneiden und goldgelb anbraten, gelegentlich umrühren. Etwas Chili und Ingwer fein hacken. Korianderblätter zupfen und die Stiele fein schneiden.

★ Die geschälten Süßkartoffeln in 2 cm große Stücke schneiden.

★ Chili, Ingwer, Korianderstiele und Süßkartoffeln zu den goldbraunen Zwiebeln geben. Die gekochten Linsen abtropfen lassen und mit aufkochen.
Die frischen Tomaten grob hacken und zufügen oder die Tomaten aus der Dose hinzugeben. 200 ml Wasser beimengen.

★ Reduzieren Sie die Hitze und kochen Sie das Ragout für 10 bis 15 Minuten ein.
Gelegentlich umrühren, bis die Süßkartoffeln durchgegart sind und die Soße Bindung hat. Mit Kokosmilch und Currypaste abschmecken.

★ Vor dem Servieren die gezupften Korianderblätter darüberstreuen und mit Papadams oder Reis servieren.

Buddy Johnson besuchte 1937 Paris als Pianist der Cotton-Club-Revue-Tramp-Band, gründete 1939 ein eigenes Ensemble und spielte hauptsächlich im Savoy Ballroom in Harlem.

Hey Sweet Potato stammt aus den 40ern.

MOO & OLLI TIPP

Papadams sind sehr dünne, frittierte Fladen aus Linsenmehl. Sie haben einen knusprigen Biss und werden gerne in der indischen und singhalesischen Küche als Beilage gereicht.

SWINGFOOD´S GEWÜRZ-MAYONNAISE

SWINGFOOD´S SPICY FRIM-FRAM-SAUCE

2	Eidotter
	Salz
	Pfeffer (aus der Mühle)
1 TL	Senf (scharf, Dijon-senf)
2 TL	Zitronensaft (2–3 TL, oder Essig)
250 ml	Pflanzenöl (neutral)
2 EL	Crème frâiche

★ Für die Mayonnaise in einer Schüssel die Eidotter mit Salz, Pfeffer, Zitronensaft sowie Senf mit einem Schneebesen gut verrühren.

★ Öl langsam in schwachem Strahl nach und nach eingießen und dabei kräftig mit dem Schneebesen rühren, bis sich die Masse homogen bindet.

★ Mit fermentiertem Pfeffer, fein geschnittenem Schnittlauch, Ketchup, Whiskey, Crème frâiche und Limettenabrieb abschmecken.

MOO & OLLI TIPP

Sollte die Sauce gerinnen, entweder mit einem Schuss heißem Wasser retten oder die geronnene Masse nochmal neu in einen Eidotter langsam einrühren. Die Sauce passt perfekt zu Fischgerichten, warmem wie kaltem gegrilltem Fleisch sowie gebackenem Gemüse.

Nat King Cole begann seine musikalische Karriere mit einer kleinen Formation namens „The Rogues of Rhythm". 1943 gründete er das Nat King Cole Trio. Diese Formation war etwas Neues und löste einen Boom von Trios und Quintetten aus.

MOO & OLLI TIPP

Immer gut passen Kartoffeln, Reis oder Naanbrot als Beilage.

CTM oder Chicken Tikka Masala ist ein häufig in indischen Restaurants in Europa und Nordamerika angebotenes Currygericht aus gegrillten, marinierten Hähnchenfleischstücken (chicken tikka) in einer würzigen Tomatensauce, das eigentlich der englischen Küche zuzurechnen ist. Der Legende nach soll es entstanden sein, als ein indischer Koch einem feinen englischen Gast das Traditionsgericht chicken tikka (gegrillte marinierte Hähnchenstücke) servierte.

Da der Gast gewohnt war, dass wie in der englischen Küche üblich zum Fleisch eine Sauce (gravy) gereicht wird, erschien ihm das Gericht zu trocken und er reklamierte. So musste der Koch improvisieren und eine Sauce aus Tomatensuppe und indischen Gewürzen schnell nachreichen. So die angebliche Geschichte rund um CTM.

TIKKA MASALA

6	Hühnerbrüste
8 TL	Olivenöl
7	Kardamomkapseln
1	Zimtstange
2	große Zwiebeln
4	Knoblauchzehen
3 TL	geriebener Ingwer
1 ½ TL	Kreuzkümmel
1 ½ TL	Koriander
1 ½ TL	Garam masala
½ TL	Kurkuma
½ TL	Cayenne-Pfeffer
1 ½ EL	Paprikapulver
	Salz
2	große Tomaten
2 TL	Ketchup
225 ml	Wasser
250 ml	Joghurt

★ Hühnerbrüste in mundgerechte Stücke schneiden und salzen.

★ Tomaten und Zwiebeln würfeln. Ingwer und Knoblauch klein schneiden, mit Kreuzkümmel, Koriander, Garam masala, Kurkuma, Cayenne-Pfeffer und Paprika in eine Schüssel geben, leicht verrühren und so eine Gewürzpaste herstellen.

★ Das Olivenöl bei mittlerer Temperatur in einer Pfanne erhitzen. Wenn das Öl richtig heiß ist, Kardamom und die Zimtstange 20 Sekunden im Öl braten, wieder herausnehmen, das gibt dem Öl einen sehr aromatischen Geschmack.

★ Nun die Zwiebeln im Öl goldbraun schmoren, dann die Gewürzpaste hinzugeben und eine Minute unter gelegentlichem Rühren ziehen lassen. Mit Tomatenwürfeln und Ketchup ablöschen, eine weitere Minute köcheln lassen, dann das Wasser zufügen und unter ständigem Rühren aufkochen.

★ Mit Salz abschmecken.

★ Die Hühnerbruststücke in die Sauce geben. 10–12 Minuten unter gelegentlichem Rühren leicht köcheln, dann das Joghurt hinzugeben und ziehen lassen.

The Two Man Gentlemen Band ist ein modernes musikalisches Duo, bestehend aus Andy Bean (Lead Vocals, Tenorgitarre, Banjo) und Fuller Condon (aufrechter Bass, Backing Vocals). Ihr musikalischer Stil entspringt der Tradition von Slim & Slam.

JEAN VELOZ

Jean Phelps Veloz, ist die Ikone des Hollywood Style Lindy Hop. Zu Beginn der 1940er- Jahre gab es nicht viel. Das Land erholte sich langsam von den Folgen der großen Depression und die Vereinigten Staaten bereiteten sich auf die Teilnahme am Zweiten Weltkrieg vor. Es war die Zeit, in der die Big Band Musik und die damit verbundenen Tänze, Jitterbug und Lindy Hop, zur treibenden Leidenschaft von Teenagern im ganzen Land wurden.

Jean Phelps und ihre Brüder Bob und Ray entdeckten damals auch diese Leidenschaft für sich. Jeden Tag kamen sie von der Schule nach Hause, luden Freunde ein und tanzten im Wohnzimmer. Jean und Ray haben sich so gut zusammengetan, dass sie sich entschieden, fortan auch an Wettbewerben teilzunehmen.

Wir hatten die Ehre, mit Jean Veloz in Kalifornien zu telefonieren und sie zu den Themen Essen, Musik und Tanz zu befragen.

Wie finden Sie die Idee dem Swing ein Kochbuch zu widmen?

Nun, ich mag es, dass du es machst, ich finde das großartig.

Können Sie uns spontan ein Lied sagen, welches vom Essen handelt und Ihnen gefällt?

So spontan fällt mir keines ein, aber schließlich bin ich gerade 94 Jahre alt geworden, sodass meine Erinnerung an bestimmte Dinge weniger werden dürfen.

Kochen Sie gerne?

Früher, als mein Mann noch am Leben war, kochten wir immer zusammen, aber als er starb, war ich nicht mehr so am Kochen interessiert. Aber ich muss sagen, dass wir immer gerne kochten, also hatte ich Glück auf diese Weise, dass er gerne kochte.

Wenn Sie kochten, gab es da Musik im Hintergrund?

Oh ja, ich habe nur von Musik gelebt, Musik ist für mich alles. Es ist am wichtigsten. Ich liebe Musik.

Gibt es Kindheitserinnerungen, die würden Sie sagen, Sie geprägt haben?

Ja, ich erinnere mich daran, dass meine kleine liebe Mutter alles tat, um uns drei Kinder großzuziehen und das beste Essen für uns zu kochen. Das war nicht leicht in der Zeit während und nach der Depression. Weißt du, die Art von Dingen, an die ich mich wahrscheinlich mehr erinnere als an meine Mutter, war ihre Art zu kochen und sie war so eine großartige Köchin. Ihren Apfelkuchen werde ich nie vergessen – sie machte die besten Kuchen auf der ganzen Welt. Und ich konnte es zum Frühstück, Mittag- und Abendessen essen, ich liebte es so sehr. Mhhh, Apfelkuchen.

... fällt Ihnen noch eine Speise ein?

Eine andere Art von Essen - oh Gott ... was hat sie gemacht? Sie hat ein Gulasch gemacht, das ich früher geliebt habe – es war eine Mischung aus oh, vielleicht allen möglichen Essensresten im Kühlschrank, denn wir hatten nicht viel Geld, also musste sie Gerichte kreieren aus praktisch nichts. Sie war sehr schlau und kreativ, was immer wir im Kühlschrank hatten, hat sie alles dann in einer großen Pfanne gekocht. Es schmeckte wunderbar.

... sie machte also eine Art Eintopf?

Kein Eintopf, es war mehr ... nun ja, in gewissem Sinne, ja, wie ein Eintopf, für uns aber das beste Gulasch.

Wie hat das Tanzen Ihr leben verändert?

Mein Junge, ich sage dir, es hat mein Leben verändert, ja, ich habe zwei sehr wichtige Wettbewerbe gewonnen, Swing Dance Contests, und etwas, das wir verdient haben, war eine Rolle in dem Film „Swing Fever".

Das war mein erster großer Schritt in die Swing-Dance-Welt, der mir alle möglichen Türen öffnete – alle luden mich wegen des Films ein.

Was essen Sie, um so lange fit zu bleiben und so gut auszusehen?

Oh, ich bin kein großer Esser, nie gewesen, auch zum Frühstück esse ich sehr wenig – normalerweise Saft, und wenn ich Hunger habe, esse ich Speck und Eier, das mag ich, es füllt meine Magen bis zum Abendessen.

Miss Veloz, es war uns eine große Ehre, mit Ihnen zu sprechen.

Es ist so lieb von dir, dass du meine Beiträge zu deiner Arbeit brauchst, in deinem Buch, ich denke, das ist eine schöne Sache, eine wundervolle Sache und ich schätze es sehr. Ich wünsche euch viel Erfolg damit.

jeanveloz.com

RUSTY FRANK

» VIDEO
Rusty Frank

Als ich sechs Jahre alt war, fing ich mit Stepptanz an. Nachdem ich meine ersten Shirley-Temple-Filme gesehen hatte, wusste ich, ich muss auch sowas machen, und begann mit dem Swing-Tanzen.

Im Swing Camp Catalina Stepp begann ich zu unterrichten und all diese fantastischen Swing-Tänzer zu sehen! Mir wurde klar, das dies ein Teil meines Lebens wird.

Ich liebe es außerdem, Swingmusik zu hören und im Hintergrund zu haben, beim Kochen, Arbeiten, Entspannen, Tanzen …

Cool finde ich, dass Moo & Olli dieser Musik nun mit einem Kochbuch Tribut zollen, das finde ich lustig und interessant zugleich und bin der Meinung, dass dieses Buch ein wunderbares Geschenk und ein Muss für jeden Menschen ist, der den Swing liebt.

Meine Meinung nach betreffen Swing-Songs grundsätzlich immer die beiden Themen – Liebe und Essen, darüber hinaus kann es oftmals auch etwas schlüpfrig und zweideutig werden.

Einer meiner Lieblingssong ist Potatochips, auf die Frage, ob ich ein Lieblingsgericht habe, bin ich mir nicht sicher, aber ich liebe dieses Lied (Chrunchy Chrunchy).

Als Vegetarier freut es mich besonders, dass es in dem Buch auch viele Vegetarische Gerichte gibt.

Genauso wie gutes Essen verbindet die Swingmusik gemeinsam mit ihren Tänzen weltweite Communities und nun kann man sogar die Songs nachkochen, das ist einzigartig.

Über Rusty Frank

Sie wurde in Hollywood, Kalifornien, geboren und wuchs in Los Angeles auf. Frank besuchte die University of California, Santa Cruz, wo sie sich mit Umweltplanung und Public Policy beschäftigte und mit zwei Auszeichnungen abschloss. Dann besuchte sie die Universität von San Francisco, wo sie ihren Master in Public Administration erhielt.

Werdegang

Rusty Frank leitet das größte Swingtanz-Programm in Los Angeles, durch ihre Swing-Tanzschule Lindy by the Sea und ihren wöchentlichen Swingtanz Rusty's Rhythm Club erreichte sie große Bekanntheit.

rustyfrank.com

 *Genauso wie gutes Essen verbindet die Swingmusik gemeinsam mit ihren Tänzen weltweite Communities und nun kann man sogar die Songs nachkochen, das ist einzigartig.*

BUNTE KARTOFFELCHIPS MIT DIP

COLORED POTATO CHIPS WITH DIP

1	Topinambur
etwas	Salz
etwas	Pfeffer
2 Zehen	Knoblauch, frisch gepresst
	Olivenöl
	Paprikapulver
	Curry
1 Becher	Sauerrahm

★ Die Kartoffeln so dünn wie möglich hobeln (ca. 1 mm) oder mit einem Spiralenschneider aufspalten.

★ Nun 20 Minuten in kaltem Wasser wässern (die überflüssige Stärke wird frei).

★ Danach abseihen und trocken tupfen.

★ In heißem Rapsöl knusprig frittieren.

MOO & OLLI TIPP

Auch Gemüse wie Pastinaken, Karotten und Rote Rüben eignen sich zum Frittieren, um knusprige Chips herzustellen.

Für den Dip, nach Ihrem Geschmack den Sauerrahm mit Salz, Pfeffer, Curry, Paprikapulver, frisch gepresstem Knoblauch und etwas Olivenöl vermengen. Abschmecken und genießen.

Selbst gemacht ist oft besser als gekauft!

Slim Gaillard wurde als Sohn des deutschen Einwanderers Theopolous Rothschild und der Afroamerikanerin Liza Gaillard 1916 geboren und wuchs in Detroit auf. Sein Vater arbeitete als Steward auf einem Kreuzfahrtschiff und nahm Gaillard manchmal mit. Nach seinen Erzählungen soll er ihn sogar einmal auf Kreta „vergessen" haben.

Ich bin nicht an Ruhm und Geld interessiert, es ist nur so, dass ich möchte, dass andere wissen, was für ein glücklicher Tanz das ist.

FRANKIE MANNING

Von Harlem's Ballsälen im Alter von 13 Jahren bis hin zu Whitey's Lindy Hopper Elite-Tänzern, vom Choreografen bis hin zum Tanzlehrer – all das verkörpert Frankie Manning. Frankie wurde 1914 geboren und lebte bis zu seinem dritten Lebensjahr in Florida. Er kam mit seiner Mutter nach Harlem, dem Geburtsort des Lindy Hops. Aufgewachsen inmitten dieses Spielplatzes der Swing-Ära war er einer, der mit seiner Individualität den Tanz der 1930er- und 40er-Jahre entwickelte. Er spielte in mehreren Filmen mit, darunter Everybody Sings mit Judy Garland und Hellzapoppin', und tourte dann durch die Welt mit den Jazz-Größen Ethel Waters, Ella Fitzgerald, Sarah Vaughn, Bill „Bojangles" Robinson, Duke Ellington und Count Basie.

Frankies märchenhafter Tanz und sein strahlendes Lächeln haben Generationen von Lindy-Hop-Enthusiasten inspiriert selbst zu tanzen. Bis zu seinem Tod behauptete Manning: „Ich bin nicht an Ruhm und Geld interessiert, es ist nur so, dass ich möchte, dass andere wissen, was für ein glücklicher Tanz das ist."

Frankie Manning war immer eine treibende Kraft hinter der Entwicklung des Tanzes. Ihm wird zugeschrieben, nicht nur die ersten Airsteps kreiert zu haben, sondern auch die erste Lindy-Hop-Routine.

Frankie ist am 27. April 2009 verstorben. Wir danken für all die Jahre, in denen Frankie zu uns kam, um seine Liebe zum Swing mit uns zu teilen.

frankiemanningfoundation.org

DAS WAR EIN LIEBLINGSGERICHT
VON FRANKIE MANNING

WELSFILET-WRAP DELUXE
CATFISH WRAP DELUXE

2	*Welsfilets ohne Haut*
2	*Frühlingszwiebeln*
3	*gelbe und rote Cherrytomaten*
1	*Avocado*
1	*frische Chilischote*
4 EL	*Joghurt*
2 EL	*Frischkäse*
	Salz
	Pfeffer
	Knoblauch
	Olivenöl
	frische Kräuter nach Belieben (z. B. Koriander, Kresse)
6	*Tortillas*
	Blätter vom Eisbergsalat

★ Joghurt und Frischkäse abrühren, mit Gewürzen und Knoblauch abschmecken.

★ In einer beschichteten Pfanne die Frühlingszwiebeln, die Avocado, die Chili in Ringe geschnitten nacheinander rasch und kross anbraten und zum Belegen beiseitestellen.

★ Dann das gewürzte Fischfilet wiederum mit etwas Olivenöl durchbraten.

★ Auf den Tortillas Salat und die übrigen Zutaten bunt verteilen, mit etwas Joghurtsauce toppen, fest einrollen und genießen.

MOO & OLLI TIPP

Die Enden des Wraps fest einschlagen und ihn noch einmal kurz ins heiße, vorgeheizte Backrohr legen.

MOO & OLLI TIPP

Als Brinner wird eine Mahlzeit bezeichnet, die aus einzelnen Komponenten des Frühstücks (Breakfast) und Abendessens (Dinner) besteht. Also ein Frühstück, das zu Mittag oder am Abend serviert werden kann. Der Food-Trend Brinner entstand in Kalifornien und fand von dort aus weltweite Verbreitung. Populär wurde er durch die unkomplizierte Zubereitung, die weniger Zeit als diejenige eines traditionellen Abendessens beansprucht und weil er zudem in der Regel kostengünstiger als ein solches ist. Darüber hinaus bietet das Brinner die Möglichkeit, die Frühstücksmahlzeit, zu der am Morgen aufgrund des Arbeitsalltags oft hinreichend Zeit fehlt, zu einem späteren Tageszeitpunkt in Ruhe zu genießen.

Zum Brinner gehören die üblichen Komponenten eines amerikanischen Frühstücks – etwa Müsli, Rührei, Croissants, Toastbrot und Pfannkuchen, welche mit deftigen Speisen kombiniert werden, woraus dann Kreationen wie Omelett mit Pesto, Donuts im Speckmantel oder belegt mit Jalapeños sowie Waffeln mit Hühnchen entstehen können.

FRÜHSTÜCK, MITTAG- & ABENDESSEN AUF EINEM TELLER „BRINNER" - BREAKFAST, LUNCH & DINNER

 Portionen

Möglicher Belag:

Spiegelei
Bratkartoffeln
knuspriger Frühstücksspeck
frische Kräuter
Avocado
gebratene Champignons
Ahornsirup nach Wahl

Bratkartoffeln mit Speck, Spiegelei & Waffeln

4	Kartoffeln (festkochend)
200 g	Speck (mager)
4	Eier
	Pfeffer
2	Tomaten (für die Garnitur)
	Petersilie (krause, für die Garnitur)
	Salz
2	Waffeln

Dem klassischen „Brinner", der aus Frühstücks- und Abendessen-Komponenten besteht, haben wir gemäß unseres Songs noch das Mittagessen (Lunch) hinzugefügt. Für den gewissen Mundgefühl-Kick haben wir mit dem knusprigen Speck, den cremigen Avocadostreifen, dem flüssigen Eidotter und der flaumigen Waffel gesorgt. Der „Hardcore- Brinner"-Genießer würde sich noch Ahornsirup über das Ganze gießen. Für unsere süß-pikante Variante haben wir die oben genannten Zutaten als Einzelportionen aufgebaut.

★ Für die Bratkartoffeln mit Ei und Speck die Kartoffeln in der Schale kochen, etwas abkühlen lassen und schälen.

★ Die Kartoffeln in Scheiben schneiden. Den Speck in einer beschichteten Pfanne anbraten, bis das Fett aufgelöst ist.

★ Die Kartoffelscheiben zugeben und weiterbraten lassen. Das Ei verquirlen und mit Salz und Pfeffer würzen. Das verquirlte Ei über die Kartoffeln geben und stocken lassen.

★ Das Ganze mit Tomatenscheiben und Petersilie garnieren.

★ Die Avocados am Kern in Spalten schneiden, dann von diesem lösen und die Schale entfernen. Die Champignons in einer beschichteten Pfanne anbraten. Beides mit flaumigen Waffeln zu den Bratkartoffeln reichen. Je nach Geschmack mit Ahornsirup übergießen.

GEBACKENE JALAPEÑOS MIT FRISCHKÄSE-CHEDDAR-FÜLLE

BAKED JALAPEÑOS WITH CREAM CHEESE CHEDDAR FILLING

14	Jalapeños (oder Mini-paprikas)
150 g	cremiger Frischkäse
125 g	geriebener Cheddar-Käse
	entrindetes Toastbrot
	gehackte Petersilie
2	Eier
	Mehl für die Panier
	Semmelbrösel
1 Prise	Chilipulver
1 Prise	Paprikapulver edelsüß
	Salz
	weißer Pfeffer
	Pflanzenöl zum Frittieren

★ Die Jalapeños waschen, knapp am Deckel aufschneiden und die Kerne herausnehmen.

★ Für die Fülle den Frischkäse mit einem Eidotter (Eiklar aufheben für die Panier), dem geriebenen Cheddar-Käse, einem in feine Würfel geschnittenen, entrindeten Toastbrot, der gehackten Petersilie und den Gewürzen abrühren sowie abschmecken.

★ Die Masse in einen Spritzsack geben und die Jalapeños locker füllen.

★ Deckel wieder darauf und doppelt panieren (Mehl – Ei – Brösel – Ei – Brösel).

★ In heißem Öl goldgelb frittieren.

MOO & OLLI TIPP

Statt der Panier mit Speck umwickelt, eignet sich dieses Gericht ideal zum Garen auf dem heißen Holzkohle-Grill! Nach der Zubereitung Hände waschen nicht vergessen, sonst brennt es nochmals.

GEZUPFTES LAMM IM BURGER

PULLED LAMB BURGER

1,2 kg	Lammhüfte

Für den Cajun-Gewürz-Rub

1 EL	geräuchertes Paprikapulver
1 TL	Chiliflocken (oder weniger, wenn Sie es nicht gerne scharf mögen)
1 TL	Knoblauchgranulat
1 TL	Zwiebelgranulat
½ TL	Pfeffer
¼ TL	Oregano, getrocknet
1 TL	Salz
1 EL	brauner Zucker

Zum Garen

150 ml	Apfelsaft
25 ml	Apfelessig

Sonstiges

300–400 ml	Barbecuesauce
8	Burger-Buns
	Coleslaw Salat

★ Alle Zutaten für das Cajun-Gewürz-Rub gut vermengen und das Fleisch damit gründlich einreiben. In einen Plastikbeutel geben, diesen gut verschließen und über Nacht im Kühlschrank lagern.

★ Am nächsten Tag Apfelsaft und Apfelessig in den Bräter geben, das Fleisch aus dem Plastikbeutel nehmen und dazulegen. Etwa drei Stunden auf Stufe 125 °C garen (dabei idealerweise einmal wenden), bis das Fleisch ganz weich ist.

★ Fleisch aus dem Sud nehmen, 10 Minuten auf 200 °C im Backrohr braten, eine halbe Stunde in Alufolie eingeschlagen ziehen lassen. Mit einer Gabel zerzupfen und mit Barbecuesauce vermengen.

★ Burger-Buns leicht warm machen, durchschneiden und mit Fleisch belegen sowie Pickles oder Coleslaw obenauf geben. Sofort servieren.

MOO & OLLI TIPP

Pulled Pork ist ein Gericht des klassischen Barbecues nach nordamerikanischem Vorbild. Als Fleisch finden für gewöhnlich Schweineschulter (mit Knochen) oder Schweinenacken Verwendung. Zusammen mit Spareribs und Beef Brisket bildet das Pulled Pork die Holy Trinity („Heilige Dreifaltigkeit") des Barbecues.

In der modernen Küche werden aber auch sämtliche Fleischsorten wie Lamm, Pute, Huhn oder Rind verwendet und können bei guter Zubereitung zu saftigen, wohlschmeckenden Gaumenfreuden werden.

Pulled ist ein typischer Vertreter des sogenannten Low-&-Slow-Garens, also ein bei niedriger Temperatur langsam gegartes Fleisch. Klassischerweise wird es in einem Barbecue-Smoker zubereitet. Der leichte Rauch sorgt für den typischen Barbecue-Geschmack.

veggie

HOTDOG MIT HERMANN-KÄSEBRATWURST, AVOCADO & LIMETTE

SMOKED VEGGIE HOTDOG WITH AVOCADO & LIME

4	Hotdog-Brötchen
1	Avocado
1	Limette
2	fleischige Tomaten
	Salz
	Cayenne-Pfeffer
	Koriander frisch
4 Stk	HERMANN Käse-bratwurst ohne Fleisch
6	Schalotten
¼ l	Rotwein
	Lorbeerblatt
1 TL	brauner Zucker
2	Knoblauchzehen
	Englischer Senf
	Ketchup
1	Salatgurke

★ In dem braunen Zucker die fein in Streifen geschnittenen Schalotten und den Knoblauch braun anschwitzen und karamellisieren. Mit dem Rotwein ablöschen, den Lorbeer dazugeben und marmeladendick einkochen lassen. Mit Salz abschmecken.

★ Für die Avocado-Creme die Tomaten in heißem Wasser kurz überkochen, in Eiswasser abschrecken, schälen, die Kerne ausschneiden und das Fruchtfleisch klein würfeln. Die Avocado entkernen und aus der Schale geben. Mit einer Gabel zerdrück-en, mit Limettensaft, Salz und Cayenne-Pfeffer würzen und die Tomatenwürfel unterrühren.

★ Das angewärmte, der Länge nach auf einer Seite aufgeschnitt-ene Hotdog-Brötchen mit der Schalotten-Marmelade be-streichen. Die in feine Blätter geschnittene Salatgurke darauf-geben. Die knusprig gebratene HERMANN-Käsebratwurst ohne Fleisch einlegen. Mit der Avocado-Creme und frisch gezupftem Koriander bedecken.

★ Mit Senf und Ketchup vollenden.

» VIDEO
Hotdog Hermann

MOO & OLLI TIPP

Der oberösterreichischen Firma *Neuburger*, bekannt durch den „Sag niemals Leberkäse"-Slogan, ist, das kann man ohne Übertreibung sagen, eine kleine Sensation gelungen. Denn HERMANN ist eine Alternative zu Fleisch, die bislang als unvereinbar geltende Anforderungen erfüllt. HERMANN ist ein intensives Geschmackserlebnis, hat fleischtypische Konsistenz sowie Bissfestigkeit und beinhaltet keinerlei Zusatzstoffe. Und was vielleicht das Wichtigste ist: HERMANN wird ohne technische Verfahren wie Extrusion hergestellt. Also ganz so, wie wir alle es in der eigenen Küche machen würden. Sie können also ab jetzt nach Belieben auf Fleisch verzichten, wann immer Sie wollen, Sie werden mit den Fleischlos-Produkten der Firma Neuburger keinen Verzicht bemerken. Die Umwelt und die Tiere hingegen schon.

NORMA MILLER

Norma Miller wurde am 2. Dezember 1919 in Harlem geborgen. Sie war von Anfang an eine sehr kreative Tänzerin mit ihrem eigenen, oft komischen Stil, und sie besitzt ein außergewöhnliches Gefühl für Rhythmus. Als lebhafte und unverblümte Person war und ist sie das Leben jeder Party.

Wir durften die Queen of Swing in München treffen.

„Es war eine schwierige Zeit, wir hatten wenig. Essen ist nicht bloß Essen, für mich gehören Essen und Musik und Tanzen unweigerlich zusammen. Diese drei Dinge sind auch Seelennahrung.

Die Verbindung von Essen und Musik ist sehr alt und gäbe es diese nicht, so wären viele absurde, geniale und einzigartige Songs wohl nie entstanden. Essen, Musik und Swing-Tanz sind emotionale Dinge, sie bewegten und begleiteten mich mein ganzes Leben.

Ich weiß nicht, wie viele Swing-Songs dem „Chicken" gewidmet sind, und es ging dabei auch nicht immer um Hühner, müssen sie wissen.

Ein Lied, das ich selber singe, ist „Down In New Orleans", von der CD „A Swingin' Love Fest!" mit dem Billy Bros. Swing Orchestra: „On Bourbon Street you get to meet folks from everywhere, dancing, dining on Gumbo, Red Beans, Rice and Fried Chicken, that's worth the price, in New Orleans were Jazz was born".

Auch ich esse gerne, und spontan fällt mir Chicken and Waffles ein. Ein tolles Rezept. Aber Frankfurter & Hot Dogs sind auch nicht schlecht." (lacht)

queenofswing.net

Motto:
If you don't dig Swing, you don't dig fried chicken!

Lieblingspeisen:
Chicken and Waffles, Gebratenes Hähnchen, Mashed Potaoes, Süßkartoffelkuchen, Schweinekotelett, Lammkotelett, Ochsenschwanz

Lieblingsgetränk:
Mimosa-Champagne and Orange Juice

» VIDEO
Norma Miller

HÜHNCHEN UND WAFFELN

CHICKEN AND WAFFLES

Für das Hühnchen

2	Hühnerbrustfilets, ca. 500 g
	Salz
	Pfeffer
	Paprikapulver
	Chilipulver
250 ml	Buttermilch
75–100 g	Mehl & Cornflakes
	Öl zum Ausbacken

Für die Biscuit-Waffeln

200 g	Mehl
½ TL	Backpulver
½ TL	Natron
1 TL	Zucker
½ TL	Salz
1 Prise	Pfeffer
65 g	Butter, kalt
250 ml	Buttermilch

Zum Servieren

Coleslaw, Ahornsirup und Butter

★ Die Hühnerbrüste in zwei Stücke schneiden und platt klopfen. Kräftig würzen. Dann jedes Stück in Buttermilch tauchen und im Cornflakes-Mehlgemisch wenden.

★ Das Öl erhitzen und die Hühnchenstücke darin etwa 6–8 Minuten goldbraun ausbacken, im Ofen bei 100 °C warm stellen.

★ Für die Biscuits das Mehl mit Backpulver, Natron, Zucker, Salz und Pfeffer in einer Schüssel verrühren. Die Butter dazugeben und mit einer Gabel in das Mehl drücken, bis nur noch ganz feine Partikel zu sehen sind. Die Buttermilch hineinschütten und alles schnell mit der Gabel zu einem Teig vermengen, der durchaus noch etwas klumpig sein darf. Das Waffeleisen vorheizen und jeweils ein Viertel des Teiges hellbraun ausbacken.

★ Je eine Waffel mit einem Stück Huhn servieren, Sirup und Butter getrennt reichen, ebenso den Coleslaw-Salat.

MAKING-OF

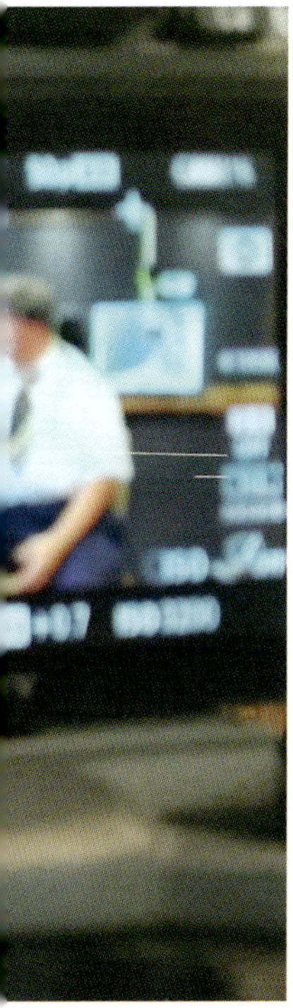
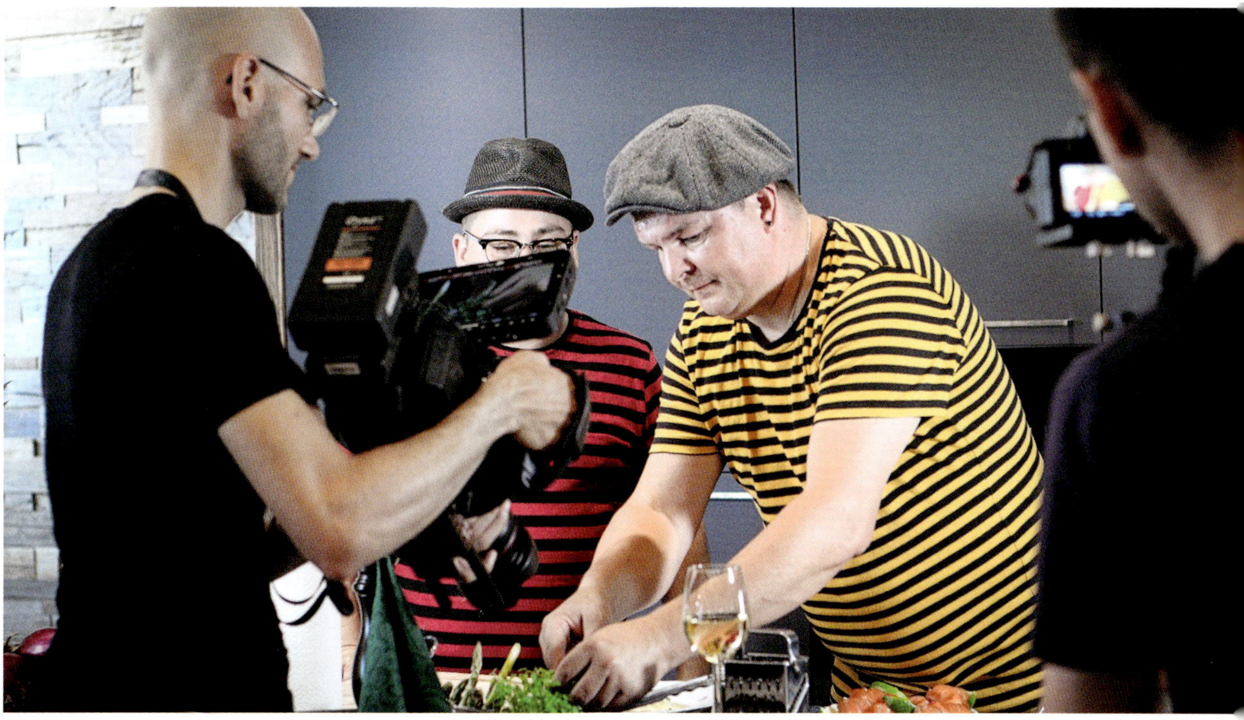
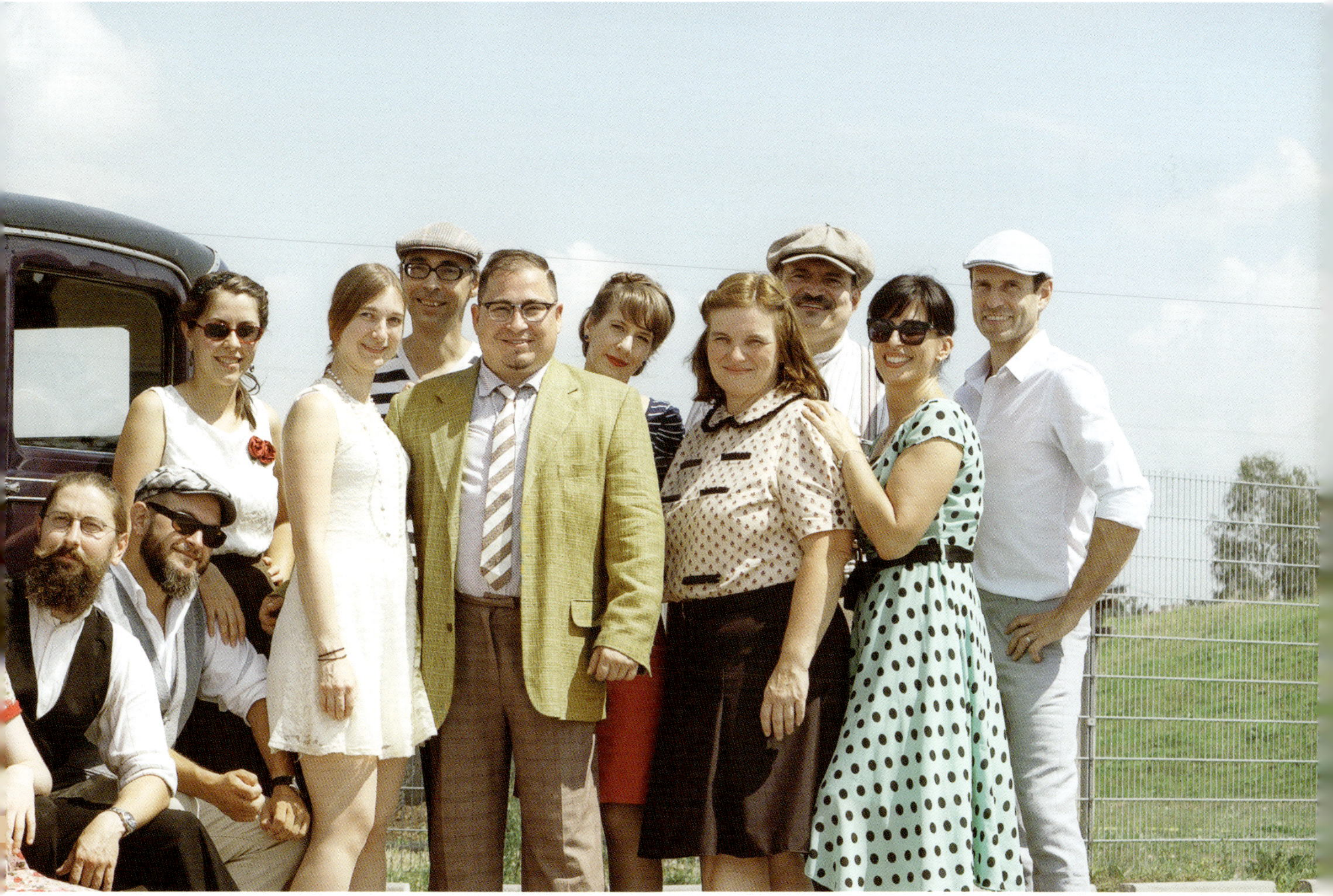

NEW YORK PIZZA (IN DER PFANNENFORM GEBACKEN) NEW YORK PAN PIZZA

Marinara-Sauce

¼ Tasse	Olivenöl
4 EL	getrocknete, gehackte Zwiebeln oder 2 kleine Zwiebeln, gewürfelt
2	Knoblauchzehen, ge-hackt
1 EL	Salz
1 EL	Thymian
1 EL	Rosmarin
1 EL	Oregano
1 EL	Petersilie
2 EL	brauner Zucker
etwas	Chili nach Geschmack
1 Dose	gewürfelte, geschälte Tomaten

Pizzateig

370 ml	Wasser
2 TL	Zucker
40 g	frische Hefe
660 g	Weizenmehl
4 EL	Olivenöl
1 TL	Salz

Pizzabelag

1	Mozzarella
300 g	Cheddar
70 g	Schinken
5	Champignons
½	Zwiebel

★ Für die Sauce die Zwiebeln, Knoblauch mit Olivenöl und den braunen Zucker braun anbraten, mit den restlichen Zutaten aufgießen, abschmecken und langsam auf kleiner Hitze einkochen lassen.

★ Alle Zutaten zimmerwarm zusammen in einer Küchenmaschine glatt kneten. Den Teig mindestens eine Stunde rasten und gehen lassen. Zusammenschlagen, aufteilen und zu einer Kugel formen, mit Olivenöl bestreichen und nochmals etwas gehen lassen. Zwiebel in Ringe, Cheddar und Schinken in Streifen, Champignons und Mozzarella in Scheiben schneiden.

★ Den Teig ausrollen, mit der Marinara-Sauce bestreichen und die Pizza belegen. Bei hoher, trockener Hitze (mind. 200 °C) am besten in einer flachen Pfanne (Pan) oder auf einem Pizzastein etwa 25 Minuten knusprig backen.

MOO & OLLI TIPP

Italienische Einwanderer brachten die Pizza bereits Anfang des 20. Jahrhunderts nach New York und sie ist seit jeher eine Spezialität des Big Apple. In den USA gibt es einige verschiedene Varianten, aber die typischen New York Pizza hat einen dünnen Teig und obendrauf leichten Mozzarella mit klassischer Marinara-Sauce.

Die Pfannen-Pizza wird in einer Metallpfanne (Pan) goldgelb am besten im Holzbackofen gebacken. Dadurch unterscheidet sich diese Variante zur klassischen Steinofenpizza, auch Rand und Teig sind deutlich dicker!

VOR DEM BACKEN

BELEGTES BROT MIT EINGELEGTER, GEPRESSTER, GERÄUCHERTER UND GEDÜNSTETER RINDERBRUST PASTRAMI SANDWICH

50 g	*Butter, weich*
8 Scheiben	*helles Roggenbrot*
50 g	*Emmentaler, gerieben*
2 EL	*amerikanischer gelber Senf*
175 g	*Sauerkraut*
12 Scheiben	*Pastrami*
	grober Pfeffer
50 g	*Rucola*
ein paar	*Cornichons*

★ Die Brotscheiben mit Butter bestreichen.

★ Käse mit Senf und etwas grobem Pfeffer abmischen.

★ Das Brot mit dem ausgedrückten Sauerkraut belegen und die Senf-Käse-Mischung darübergeben. Mit den sehr dünn geschnittenen Pastrami (warm oder kalt) großzügig belegen, etwas Rucola und die Cornichons als Garnitur dazugeben.

MOO & OLLI TIPP

Der koschere Fleischhauer Sussman Volk kreierte das erste Pastrami-Sandwich bereits 1887 und erfand damit das ikonische New Yorker Gericht. Pastrami wird üblicherweise vom Rind (Rinderbrust) hergestellt. Das rohe Fleisch wird in einer stark mit Muskat, Knoblauch, Nelkenpfeffer, Pfeffer, Paprika und Salpeter gewürzten Lake gepökelt, danach geräuchert und meist mit einer Kruste von Pfefferkörnern ummantelt. Ähnlich wie beim Corned Beef diente die Herstellungsmethode ursprünglich zur Verlängerung der Haltbarkeit des Fleisches, bevor es zuverlässige Kühlmöglichkeiten gab.

VOR DEM BACKEN

MOO & OLLI TIPP

Bei der Quiche sind Ihrer Kreativität keine Grenzen gesetzt.
Sie können Ihre Quiche mit Räucherlachs, Speck oder Schinken verfeinern.

veggie

PIKANTER SPINATKUCHEN

MISSES LEE'S SPINACH QUICHE

750 g	Blattspinat
8	Cherrytomaten
1 Bund	Jungzwiebeln
2	Knoblauchzehen
100 g	Butter
20 g	Butter
4	Eier
200 g	Mehl
1 Prise	Pfeffer
1 Prise	Salz
1 Prise	Muskatnuss
150 g	Sauerrahm
2	Zwiebeln

★ Mehl, Butter, 1 Ei und Salz zu einem festen Mürbteig kneten, mit Frischhaltefolie bedecken und 30 Minuten rasten lassen.

★ Zwiebeln und Knoblauch schälen, fein hacken und in einer Pfanne mit den geschnittenen Jungzwiebeln kurz glasig dünsten.

★ Blattspinat dazugeben, mit Salz, Muskatnuss und Pfeffer abschmecken und andünsten.

★ In einem Sieb abtropfen lassen.

★ Den Teig ausrollen und in eine runde Spring- oder Pieform legen, am Rand hochziehen und festdrücken. Mit einer Gabel mehrmals einstechen und im vorgeheizten Ofen bei 180 °C für 10 Minuten vorbacken.

★ Das Gemüse und die geviertelten Cherrytomaten auf dem Teig gleichmäßig verteilen. Sauerrahm, Eier, Salz und Pfeffer verrühren und über den Spinat gießen. Nochmals 20 Minuten backen lassen.

Julia Lee war eine der erfolgreichsten weiblichen Jazzmusikerinnen, laut einer Liste der US-Musikzeitschrift Billboard stand sie auf Platz 12 der im Zeitraum von 1942 bis 1949 in Hinblick auf die Plattenverkäufe erfolgreichsten Rhythm & Blues-Künstler.

DAS KLASSISCHE SANDWICH FÜR SEHR HUNGRIGE DOUBLE DOUBLE CLUBSANDWICH

12 Scheiben	geräucherte Hähnchenbrust-filets geschnitten
12 Scheiben	Frühstücksspeck
4	Eier, hart gekocht
2	Tomaten
8	Blätter grüner Salat
100 g	Mayonnaise
	Limetten, Abrieb und Saft
1 El	Senf
12 Scheiben	Toastbrot
	Salz
	Pfeffer

★ Die Mayonnaise mit dem Senf verrühren und mit Pfeffer, Salz und Limetten-Abrieb sowie Limetten-Saft abschmecken. Den Salat in Streifen schneiden und mit der Mayonnaise vermengen.

★ Die Toastscheiben antoasten. 8 Scheiben mit dem Salatgemisch belegen und auf 4 davon die Hähnchenbrüste verteilen. Die anderen 4 Scheiben mit der Salatseite nach oben darauflegen.

★ Tomaten und gekochte Eier ebenso in Scheiben schneiden und auf die Sandwiches legen.

★ Den Frühstücksspeck ohne Fett in einer Pfanne knusprig braten und zuletzt auf die Sandwiches geben.

★ Nochmals pfeffern und die 4 übrigen Toastscheiben daraufsetzen.

★ Die Sandwiches diagonal durchschneiden und servieren. Als Beilage passen dazu Pommes frites und eventuell ein gemischter Salat.

MOO & OLLI TIPP

Ob Roastbeef, Schinken oder Salami als Einlage, den Geschmäckern soll keine Grenze gesetzt werden. Mit den verschiedenen Käsesorten hat der vegetarische Genießer sicher seine helle Freude.

THUNFISCH-SANDWICH MIT ERDNUSSBUTTER TUNA SANDWICH WITH PEANUTBUTTER

1 Dose	Thunfisch in Öl (hochwertigen Weißen Thuna)
1	rote Zwiebel
5 EL	Mais aus der Dose
5 EL	Erdnussbutter
3	Scheiben Vollkornbrot
4 EL	Sauerrahm
einige	Salatblätter
1	Tomate
	Salz

★ Die rote Zwiebel schälen und in feine Ringe schneiden.

★ Den Thunfisch abtropfen lassen, ebenso den Mais. Einige Salatblätter waschen und trocken tupfen.

★ Das Vollkornbrot in Scheiben auflegen.

★ Mit Erdnussbutter bestreichen und mit Salatblättern belegen.

★ Den Thunfisch in eine Schüssel geben und mit dem Sauerrahm vermischen.

★ Leicht salzen.

★ Die Tomate in Scheiben schneiden.

★ Den Thunfisch-Salat auf den Vollkornbrot-Scheiben anrichten, mit der Tomatenscheibe garnieren und servieren.

1930 nahm Cab Calloway seine erste Schallplatte auf und hatte ab 1931 seine ersten Engagements im legendären New Yorker Cotton Club. In den 30er- und 40er-Jahren war er sehr populär. Ein von ihm unterzeichneter Zeitungsartikel 1951 kostete ihm unter den Musikerkollegen einige Sympathie. Im Artikel hatte es geheißen, dass das Rauschgift der Antrieb des Musik-Business sei und viele Musiker Drogen konsumieren würden. Auch in Sachen Mode setzte Cab mit seinem Zoot Suit ein Zeichen.

MAURIZIO METERANGELO „BIG DADDY"

Gutes Essen und Swing, da gibt es eine einfache Verbindung. Wie Norma sagte, es ist eine sinnliche Verbindung, beide geben dir tiefe Empfindungen.

Manchmal auch im doppelten Sinne, wenn man bei einigen Text-passagen genauer hinhört ... „I like my baby's puddle".

Gutes selbst zubereitetes Essen gehört für mich genauso in mein Leben wie die Musik. Deshalb hier für Sie Big Daddy's Salat: Sie benötigen einen Curly Salat, feine Radieschen, frische Tomate, rote Zwiebel, Karotten und etwas Fenchel sowie eine Gurke, Oliven, Sardellen in Öl und Kapern in Salz. Schneiden Sie alle Zutaten klein und marinieren Sie mit Balsamico Essig, Oregano, weißem und schwarzem Pfeffer, Zimt, etwas Curry und natürlichem Olivenöl aus den Abruzzen. Obendrauf kommt nun italienischer Schaf- oder Ziegenkäse und fertig. Let's Swing!

Über Big Daddy:

Er ist Bandleader des „Billy Bros. Swing Orchestra" (1990) und des „Hoofers Club" (2016); Kontrabassist; Sänger; Arrangeur; MC (Swing on the Beach – Swing 'n' Milan – Rom Lindy Exchange – You wanna be Americano – Perugia Swing Festival); DJ; Tanzlehrer (Italienische Swing Dance Society); künstlerischer Leiter (Swing on the Beach - LOT Lindy Old Timers); Kolumnist des Magazins „cultural agitator" und zudem unheilbar, leidenschaftlich in den Rhythmus und alles, was „SWING" ausmacht, verliebt!

BILLIGE BROS. Swing-Orchester:

Swing und Jump-Swing der goldenen Zeit der Black Orchestras; Rhythmus, Rhythmus, Rhythmus: hart, spannend und swingin'!

Die Klangwirkung und das Repertoire des Billy Bros. Swing Orchestra sind ein einzigartiges Erlebnis.

Das Billy Bros. Swing Orchestra ist die offizielle Band der Queen of Swing „Norma Miller".

billybros.com

> Gutes Essen und Swing, da gibt es eine einfache Verbindung.

» VIDEO
Maurizio Meterangelo

ROBERTA BEVILACQUA „LADY SWING"

Ich freu mich sehr darüber, dass auch ich in diesem Buch zu Wort komme, Swingmusik und gutes Essen sind für mich gleichermaßen essentiell. Darüber nun ein Buch in Händen zu halten macht mich froh.

Wir Italiener sind ja eben auch bekannt für gutes Essen, das zelebriere ich auch gerne selber, sei es beim Kochen oder Essen im Restaurant.

Wie Norma Miller schon erwähnt hat, sind Swing und gutes Essen einfach sinnlich.

Ich wünsche allen LeserInnen dieses Buches genauso viel Freude beim Nachkochen.

Über Lady Swing:

Sie ist Gründerin der Italienischen Swing Dance Society (2010) und Swing on the Beach (2011) Festivalgastgeberin; Tanzlehrerin, DJane, Sängerin; Veranstalterin (Swing on the Beach – LOT Lindy Old Timers); Billy Bros. Swing Orchestra Manager;

6 Monate pro Jahr Norma Millers Schatten und Aufpasser; Leiter des ersten italienischen Swing Clubs, des „Swing Craze" Clubs.

Italienische Swing Dance Society:

Es hat seinen Sitz in Pescara – Italien und seit 2010 es geschafft, eine große Bewegung rund um die Welt der nationalen und ausländischen Swing zu schaffen.

Die italienische Swing Dance Society bietet eine Organisation und eine Struktur, die in Italien praktisch einzigartig ist, denn sie organisiert das mittlerweile berühmte Sommerfestival „Swing on the Beach", jetzt in seiner 7. Auflage; das LOT-Lindy Old Timer Festival, das den Original Lindy Hop Tänzern der 30er gewidmet ist.

italianswingdancesociety.com

>> *Wir Italiener sind ja eben auch bekannt für gutes Essen.* <<

APFEL-REISAUFLAUF

MR. HENDERSON´S BAKED APPLE RICE

(4) Portionen

1 kg	säuerlicher Apfel
70 g	Butter
1 EL	Butter (für die Form)
	Semmelbrösel
	Ribiselmarmelade
3	Eier
1 l	Milch
250 g	Reis (Milchreis, Rund-kornreis)
1 Prise	Salz
etwas	Zimt gemahlen
1 Pkg.	Vanillezucker
1	Zitrone (Schale)
60 g	Kristallzucker

★ Zuerst die Milch, den Vanillezucker, Salz, den Reis und die abgeriebene Zitronenschale in einem Topf unter Rühren zum Kochen bringen, bis der Reis weich ist.

★ Die Eier trennen und das Eiweiß beiseitestellen.

★ Die Butter, den Zucker und die Eidotter in einer Schüssel sehr schaumig schlagen und unter die kalte Reismasse einrühren.

★ Das Eiweiß steif zu Schnee schlagen und in die Reismasse vorsichtig unterheben.

★ Die Äpfel schälen und blättrig hobeln oder fein schneiden.

★ Abschließend die halbe Reismasse in eine gefettete, gebröselte Auflaufform füllen. Mit den Äpfeln bedecken, mit zerlassener Ribiselmarmelade beträufeln und den restlichen Reisbrei darüber verteilen.

★ Den Auflauf im vorgeheizten Backofen bei 160 °C etwa 40 Minuten backen.

★ Nach dem Abkühlen mit etwas Zimt und Zucker bestreuen und servieren.

MOO & OLLI TIPP

Vom steif geschlagenen Eiweiß etwas mehr machen (2 Eiklar mehr). Beim Unterheben in die Reismasse etwas beiseite geben, in einen Spritzsack füllen und noch zusätzlich auf den fertigen Reisauflauf dekorativ aufspritzen und überflämmen.

AMERIKANISCHER APFEL-STREUSELKUCHEN APPLE CRUMBLE

Für den Teig

170 g	Mehl
½ TL	Salz
½ TL	Zucker, weiß
105 g	Butter, kalt, in Stücken
3 EL	Wasser (Eiswasser), evtl. etwas mehr
½ TL	Apfelessig
	Mehl für die Arbeitsfläche

Für die Füllung

1½ kg	Äpfel (Granny Smith)
130 g	Zucker, weiß
2 EL	Mehl
2 TL	Zimtpulver
½ TL	Muskat
½ TL	Piment, gemahlen
2 EL	Butter, zerlassen

Für die Streusel

128 g	Mehl
100 g	Zucker, weiß
55 g	Zucker, braun
1½ TL	Zimtpulver
½ TL	Salz
6 EL	Butter, kalt, in ca. 1 cm große Stücke geschnitten

★ Für den Teig in einer großen Schüssel Mehl, Salz und Zucker vermengen. Butter hinzufügen. Die Zutaten grob vermengen. Die 3 EL Eiswasser und den Apfelessig in einer kleinen Schüssel vermischen und zur Mehlmischung geben.

★ Den Teig mit einer Gabel grob verrühren, evtl. etwas mehr Eiswasser hinzufügen, wenn das Ganze zu trocken ist. Den Teig schnell glatt zu einer Kugel formen, in Plastikfolie einwickeln und für ca. 30 Minuten in den Kühlschrank stellen.

★ Ein Backblech auf einen Rost in die Mitte des Ofens positionieren und den Ofen auf 200 °C (wenn möglich Unterhitze, sonst Ober-/Unterhitze) vorheizen.

★ Den Teig aus dem Kühlschrank nehmen und auf einer bemehlten Arbeitsfläche zu einem Kreis von 30 cm Durchmesser ausrollen, dann in die Form legen und die überstehenden Teigenden unter den Teigrand schieben. Den so entstandenen dickeren Rand mit den Fingern eindellen. Die Form in den Kühlschrank stellen, solange die Füllung zubereitet wird.

★ Für die Füllung die Äpfel schälen, vierteln, entkernen, in 1 cm dicke Scheiben schneiden und in eine große Schüssel geben. Weißen Zucker, Mehl, Zimt, Muskatnuss, Piment und geschmolzene Butter hinzufügen und mit den Äpfeln vermischen.

★ Für die Streusel in einem Blender das Mehl, die beiden Zuckersorten, Zimt und Salz vermischen. Die kalten Butterstücke hinzufügen und die gesamte Mischung stoßweise mit dem Blender verschlagen, bis die Mischung wie nasser Sand aussieht.

- ⭐ Den Apfel-Streuselkuchen zusammenstellen. Dafür die Füllung umrühren, dann in die Form auf die Mitte des Teiges geben. Die Streusel über und um die Äpfel herum verteilen.

- ⭐ Die Form auf das Backblech im Ofen stellen. Den Streuselkuchen für 40 Minuten backen (wenn die Oberfläche zu schnell braun wird, mit Alufolie abdecken). Danach die Temperatur auf 175 °C verringern und den Streuselkuchen für weiter 45 Minuten backen. Die Äpfel sollten weich sein und die Füllung sollte blubbern.

- ⭐ Den Apfel-Streuselkuchen aus dem Ofen nehmen und für ca. 1 Stunde abkühlen lassen.

MOO & OLLI TIPP

Den lauwarmen Apfel-Streuselkuchen mit Vanilleeis und geschlagenem Schlagobers servieren.

Solomon Douglas ist Jazz Pianist, Bandleader, Tanzlehrer und DJ.

Zu seinen Einflüssen als Pianist gehören Erroll Garner, Oscar Peterson, Gene Harris, Count Basie und Thelonious Monk.

AVOCADO-BANANEN-EIS

AVOCADO BANANA ICE CREAM

100 g	Bananen, in Stücken, gefroren
1	Avocado
2 EL	Limettensaft
100 g	Magertopfen
100 g	Joghurt, griechisches
1 TL	Honig

★ Den Magertopfen und das Joghurt vermengen und für 15 Minuten ins Gefrierfach geben.

★ Die Avocado entkernen und das Fruchtfleisch mit Limettensaft im Mixer oder in der Küchenmaschine pürieren.

★ Das Avocadopüree, die Bananen und die Joghurtmischung mit 1 TL Honig fein weiter pürieren. Die Masse gegebenenfalls etwas nachsüßen.

★ Für noch weitere 10 Minuten ins Tiefkühlfach stellen.

MOO & OLLI TIPP

Besser ist es natürlich, die Grundmasse in der Eismaschine kalt zu rühren, da das Mundgefühl feiner ist. Die Bildung der Eiskristalle ist kleiner und feiner in der Maschine.

BANANEN SPLIT, DAS „ORIGINAL"

BANANA SPLIT, WHAT ELSE?

veggie

Vanilleeis
Erdbeereis
Schokoladeneis
Bananen
Schokosauce
Ananassirup
Erdbeersirup
Schlagobers
karamellisierte Nusssplitter
eingelegte Kirschen

★ In der originalen Zubereitung besteht der Bananensplit aus einer geschälten, in der Länge geteilten Banane mit daraufgesetzten Kugeln von Vanille-, Schokoladen- und Erdbeereis.

★ Über dieses werden Ananassirup, Schokoladensauce und Erdbeersirup gegeben. Und schließlich kommen noch karamellisierte Nusssplitter, Schlagobers und eingelegte Kirschen obendrauf.

★ Serviert wird Bananensplit auf einem länglichen, „Boot" genannten Teller.

Seine erste eigene Band stellte er im September 1934 unter dem Namen New Orleans Gang zusammen. 1937 hatte er einen Auftritt im Musikfilm Manhattan Merry-Go-Round. In dem Walt-Disney-Zeichentrickfilm „Das Dschungelbuch" (1967) sprach er den Affenkönig King Louie und sang das Stück „I Wanna Be Like You".

MOO & OLLI TIPP

Louis Prima widmet seinen Song diesem einfachen, aber tollen Gericht.

Er singt darin, wie er beim Rendezvous der Angebeteten einen „Banana Split" für sein Baby bestellt, für sich selbst nur ein Glas Wasser.

Im weiteren Verlauf fordert er den Bartender auf, immer mehr Topics wie Früchte, Nüsse und Saucen auf den Bananensplit zu geben. Der Schlagobers sollte so hoch wie der Eifelturm sein und obendrauf passt immer noch ein Stück Pizza.

Das Ende des Songs überrascht auch und ist sehr humorvoll. Unbedingt anhören.

Noch kurz zur Geschichte des Eisklassikers: Die amerikanische Stadt Latrobe in Pennsylvania beansprucht die Erfindung des „Banana Splits" für sich. Angaben zufolge soll dort der Student David E. Strickler, der in einem Drugstore als Soda Jerk (Limonadenmischer) arbeitete, 1904 diese Köstlichkeit erfunden haben.

BISKUITROULADE MIT PFIRSICHMARMELADE JELLY ROLL

100 g	Zucker
100 g	Mehl, glatt
6	Eier
6 EL	Wasser
200 g	Pfirsichmarmelade

★ Das Backrohr auf 170 °C vorheizen und ein Backblech mit Backpapier belegen.

★ Eier trennen und das Eiklar mit einer Prise Salz zu steifem Schnee schlagen. Die Dotter mit Zucker und Wasser schaumig rühren.

★ Mehl einsieben und vorsichtig den Schnee unterheben.

★ Die Masse gleichmäßig auf dem Backpapier verteilen und ca. 12 Minuten bzw. , bis der Teig Farbe annimmt, backen.

★ Ein Geschirrtuch aufbreiten und mit Staubzucker bestreuen.

★ Die gebackene Roulade mit dem Backpapier nach oben auf das Geschirrtuch legen und mit einem angefeuchteten Küchentuch darüberwischen (Papier löst sich besser). Vorsichtig das Backpapier lösen.

★ Pfirsichmarmelade auf der Roulade verstreichen.

★ Die Roulade mithilfe des Geschirrtuchs einrollen und mit Staubzucker bestreut servieren.

MOO & OLLI TIPP

Noch besser schmeckt es, wenn man die Pfirsichmarmelade selber macht.

Pfirsichmarmelade

1 kg	Weinbergpfirsiche
1 Pkg.	Gelierpulver (48 g)
10 cl	Plantation Barbados Rum
500 g	Kristallzucker
	Saft von 1 Zitrone

Pfirsichmarmelade

★ Die reifen Weinbergpfirsiche entkernen und in Stücke schneiden. In einem Topf mit Gelierpulver, Rum, Zucker und Zitronensaft aufkochen.

★ Marmelade ca. 7 Minuten kochen, mit dem Stabmixer kurz pürieren, in Gläser füllen und sofort verschließen.

BOURBON-SCOTCH-BIERCREME
BOURBON SCOTCH BEER CREAM

2 Blatt	weiße Gelatine
300 g	Schlagobers
3	Eidotter
50 g	Staubzucker
2	Bourbon Vanilleschoten (Mark)
2 cl	Scotch (es kann, muss aber nicht nur Schottischer Whiskey sein)
2 cl	dunkles Bier

★ Die Gelatineblätter in kaltem Wasser einweichen. Das Obers halbfest, cremig mit dem Handmixer schlagen.

★ Die Eidotter mit dem Staubzucker und dem Vanillemark mit dem Schneebesen zu einer locker schaumigen Masse aufschlagen.

★ Den Scotch und das Bier in einem kleinen Topf erwärmen. Darin die gut ausgedrückte Gelatine unterrühren, auflösen und danach unter die Eigelbmasse rühren.

★ Ein Drittel des geschlagenen Obers mit dem Schneebesen vorsichtig unter die Creme heben, das restliche Schlagobers luftig einrühren.

★ Die Creme in Portionsformen (ca. 120 ml Inhalt) füllen und zugedeckt etwa 2 Stunden im Kühlschrank fest werden lassen. Stürzen und mit frischen Beeren servieren.

Jimmy Witherspoon wurde von seinen Fans einfach nur Spoon genannt. Der Blues- und Jazzsänger war im Laufe seiner Karriere an über 200 Alben beteiligt. Einige seiner Hits waren „Blues Around the Clock", „Some of My Best Friends are the Blues" und „Blue Spoon".

MOO & OLLI TIPP

Die Creme lässt sich einfach stürzen, wenn Sie die Förmchen vorher in heißes Wasser tauchen!

veggie

BUTTERKEKSE
CLASSIC SHORTBREAD COOKIES

250 g	Mehl
1 Prise	Salz
¼ TL	Backpulver
225 g	Butter
100 g	brauner Zucker

★ Den Ofen auf 160 °C vorheizen.

★ Mehl, Salz und Backpulver mischen.

★ Butter und Zucker in einer großen Schüssel schaumig schlagen. Mehlmischung einrühren. Den Teig 10 Minuten kalt stellen, damit er sich besser verarbeiten lässt.

★ Den Teig auf einer bemehlten Arbeitsfläche 5 mm dick ausrollen, in gewünschte Formen schneiden und auf ein nicht eingefettetes Backblech legen.

★ Im vorgeheizten Ofen 10–15 Minuten backen.

VOR DEM BACKEN

Der wegen seines stattlichen Leibesumfangs Fats genannte Jazzer hatte große Bedeutung in der Entwicklung des frühen Jazz der 1920er Jahre zum Swing der 1930er und 1940er. Bereits 1918 gewann er einen Talentwettbewerb. James P. Johnson, der den Harlem-Stride-Pianostil beherrschte, nahm sich des noch jugendlichen Talentes an, gab dessen Jazz-Piano-Stil den ersten Schliff und führte ihn in die Jazz-Szene Harlems ein.

MOO & OLLI TIPP

„Shortnin' Bread" ist ein Kinderlied und entstand in den frühen 1800er-Jahren. Es wurde auf den Plantagen von den Sklaven gesungen.

Die Kernaussage des Liedes ist, dass ein Arzt Shortnin' Bread bestellte, um die kranken Kinder zu heilen. Süße Kekse waren auch damals schon wunderwirkend. ;)

Shortnin' Bread war in der damaligen Zeit ein einfaches Gericht und ein Leckerbissen.

CREMIGES HONIG EISPARFAIT

CREAMY HONEY ICE PARFAIT

3	Eigelb
2	ganze Eier
270 g	Waldhonig
150 ml	Milch
250 ml	Schlagobers
150 g	Waldhonig
50 ml	Orangensaft
100 g	Mandeln

★ Eigelb, Eier, 120 g Waldhonig und Milch in eine Metallschüssel geben und mit dem Schneebesen über dem heißen Wasserbad ca. 10 Minuten dick-cremig aufschlagen.

★ Die Schüssel anschließend in eiskaltes Wasser oder auf Eis stellen und die Creme unter Rühren vollständig abkühlen lassen.

★ Inzwischen das Schlagobers steif schlagen.

★ Eine Kastenform (20 cm lang) mit 1 El Öl ausfetten und mit Klarsichtfolie glatt auslegen.

★ Das Obers unter die kalte Creme heben und die Masse anschließend in die Kastenform gießen. Mindestens 3 Stunden einfrieren.

★ Das Parfait vor dem Servieren aus dem Gefrierfach nehmen.

★ Mandeln in einer Pfanne ohne Fett goldgelb rösten. 150 g Waldhonig und Orangensaft zugeben und aufkochen.

★ Parfait in Scheiben schneiden und mit den Honigmandeln sofort servieren.

MOO & OLLI TIPP

Das Parfait lässt sich gut am Vortag zubereiten. Karamellisierte Honigmandeln, frische Beeren und Blüten toppen das cremige Halbgefrorene.

ERDBEER-BUTTERCREME-CUPCAKES

STRAWBERRY BUTTERCREAM CUPCAKES

250 g	Butter
250 g	Zucker
4	Eier
250 g	glattes Weizenmehl
2 TL	Backpulver
4 EL	Milch
2 TL	Vanilleextrakt

Für die Creme

150 g	Butter
4 EL	Milch
2 TL	Vanilleextrakt
450 g	Puderzucker
	Lebensmittelfarbe rot
	Erdbeeren, zum
	Verzieren
	Zuckerperlen

★ In einer Schüssel die weiche Butter und den Zucker hellgelb schaumig rühren.

★ Nach und nach die verquirlten Eier hinzufügen sowie einen Löffel Mehl, damit die Masse nicht gerinnt.

★ Das restliche Mehl untermengen, die Milch und den Vanilleextrakt hinzufügen.

★ Die Cupcake-Formen in eine Muffin-Form oder auf ein Backblech setzen und den Teig gleichmäßig darin verteilen.

★ Im auf ca. 180 °C vorgeheizten Ofen 15–20 Minuten backen, bis die Küchlein aufgegangen und goldbraun sind.

★ Aus dem Ofen nehmen, aus der Form lösen und abkühlen lassen.

★ Für das Topping die Butter weich rühren. Milch, Vanilleextrakt und die Hälfte des gesiebten Puderzuckers dazugeben und weiter aufschlagen.

★ Den restlichen Zucker hinzufügen und so lange schlagen, bis die Mischung schaumig ist.

★ Rote Lebensmittelfarbe tröpfchenweise dazugeben, bis die Creme den gewünschten Farbton hat.

★ Mit einem Spritzsack und einer mittleren Sterntülle eine schöne Spitze spritzen. Mit Erdbeeren und Zuckerperlen verzieren, bevor die Creme fest wird.

MOO & OLLI TIPP

Cupcakes, wie der Name schon verrät, sind kleine Kuchen, die in Tassen gebacken werden.

ERFRISCHENDER LIMETTENKUCHEN

KEY LIME PIE

Für den Boden

200 g	Vollkornkekse oder Butterkekse
100 g	Butter
1	Ei

Für die Limettenfüllung

4	Eier
400 ml	Kondensmilch (gezuckert)
80 ml	Limettensaft (frisch gepresst, ca. 3 Limetten, je nach Größe)
Abrieb	einer Limette (unbehandelt)

★ Für die Key Lime Pie zuerst den knusprigen Boden vorbereiten. Dazu die Butter in einem kleinen Topf schmelzen lassen. Die Kekse in einen Gefrierbeutel geben und mit dem Nudelholz kräftig zerkleinern. Nun die Butter mit dem Ei schaumig schlagen, mit den Keksbröseln vermengen und die Keksmasse in eine ausgefettete Form drücken.

★ Für die Limettenfüllung die Eier in einen Topf geben, leicht verquirlen und mit der Kondensmilch schaumig schlagen. Den Limettensaft und den Abrieb hinzufügen und weiterschlagen, bis eine cremige Masse entsteht.

★ Die Masse auf den vorbereiteten Keksboden geben und im Backofen ca. 20 Minuten bei 140 °C ohne Umluft backen.

MOO & OLLI TIPP

Den gut gekühlten Key Lime Pie am besten mit frisch geschlagenem Schlagobers servieren.

GEBACKENE APFEL-RADL'N

APPLE PANCAKES

250 g	Mehl
300 ml	Milch
4	Eigelb
20 g	Hefe, frisch
½ TL	Zimt
2 EL	Zucker
4	Eiweiß
1 EL	Zucker
4	Äpfel

Butter zum Braten

★ Aus Mehl, Milch, Eigelb, zerbröckelter Hefe, Zimt und 2 EL Zucker einen Teig rühren. Diesen 30 Minuten gehen lassen.

★ Nach Ende der Gehzeit Eiweiß mit 1 EL Zucker steif schlagen und unterheben.

★ Äpfel schälen, entkernen (Apfelbohrer) und in dünne Scheiben schneiden.

★ Apfelringe leicht bemehlen und durch den Teig ziehen.

★ Butter in einer beschichteten Pfanne erhitzen und die Apfelringe in die Pfanne setzen.

★ Knusprig braun braten, mit Zimt-Zucker bestreuen und servieren.

MOO & OLLI TIPP

Den Teig als kleine Küchlein direkt in die Pfanne geben und mit frischen Beeren bestreuen, dazu Vanilleeis. Ein perfektes Sommer-Dessert.

GEBACKENE POFESE MIT HANF-VANILLEEIS FRENCH TOAST WITH HEMP VANILLA ICE CREME

4	Scheiben Toastbrot
150 ml	Milch
2	Eier
1	Vanilleschote
2 EL	Waldhonig
100 g	Butter
500 ml	Vanilleeis
1 EL	Hanfsamen
1 EL	Hanföl
250 ml	Schlagobers

★ Die Toastscheiben quer durchschneiden. Die Milch, Eier, das Innere der Vanilleschote mit dem Honig versprudeln. Das Toastbrot in das Milch-Eiergemisch einlegen, kurz einziehen lassen.

★ In einer Pfanne die Butter erhitzen und die Toastscheiben von beiden Seiten goldbraun anbraten.

★ Das Schlagobers mit dem Mixer steif schlagen.

★ Vanilleeis mit gerösteten Hanfsamen und Hanföl abmischen.

★ Toast mit dem Hanf-Vanilleeis anrichten und mit Schlagobers vollenden.

MOO & OLLI TIPP

Probieren Sie die Pofesen zur Abwechslung auch einmal mit selbst gemachtem Schokoladeeis und Datteln. Bei Toppings sind Ihrer Phantasie keine Grenzen gesetzt, lassen Sie sich von der vorherrschenden Jahreszeit inspirieren. Ihre Pofesen als schnelle Alternative zu Waffeln erfreuen sich so auf Gartenpartys und bei Gästen sicher großer Beliebtheit.

HAUSGEMACHTES KIRSCH-LIMONEN-WASSEREIS OLD TEXAS CHERRY LEMON LIME GRANITA

veggie

1 Tasse	Zucker
1 Tasse	Wasser
1	frisches Lorbeer-blatt
½	Zimtstange
1 Handvoll	gezupfte Basilikum Blätter
½ l	Kirschsaft
¼ l	Zitronensaft
	Saft und Abrieb von 4 Limetten

★ Zucker, Wasser, frischen Lorbeer und Basilikum aufkochen, auskühlen lassen und abseihen.

★ Dann den Zitronensaft, Kirschsaft und den Saft und Abrieb der Limetten dazugeben.

★ In einem flachen Geschirr oder Blech einfrieren und immer wieder mit einer Gabel das werdende Eis feinstoßen – „crashen".

★ Eiskalt servieren.

MOO & OLLI TIPP

Trauen Sie sich gerne zu, dieses Rezept mit anderen Fruchtsaft-Komponenten abzuändern.

MOO & OLLI TIPP

Bei einer gewünschten hellen Masse anstatt des Kaffees die doppelte Menge Buttermilch verwenden.

veggie

KAFFEE-KÜCHLEIN BLACK COFFEE MUFFINS

280 g	glattes Mehl
2 TL	Backpulver
½ TL	Natron
1 Prise	Zimt
1 EL	Kakaopulver
50 g	Schokolade, zartbitter, geraspelt
50 g	Walnüsse, fein gehackt
1	Ei
150 g	Zucker
80 ml	Rapsöl
125 ml	Mokka, Espresso oder Kaffee
125 ml	Buttermilch
	Schokolade

★ Starken Mokka oder Espresso kochen und zum Abkühlen beiseitestellen.

★ Die Schokolade raspeln, die Walnüsse fein hacken.

★ Backpapierförmchen in ein Muffinblech geben. Backofen auf 180 °C vorheizen.

★ Das Mehl in eine Schüssel geben und mit Backpulver, Natron, Zimt, Kakaopulver, Schokoraspeln und den Walnüssen mischen.

★ Das Ei in eine zweite Schüssel geben und leicht verquirlen. Nun den Zucker dazugeben und gut schaumig mixen. Dann mit dem Öl, dem Kaffee und der Buttermilch gut verrühren.

★ Die Mehlmischung unterheben.

★ Den Teig mit einem Esslöffel in die Muffinförmchen verteilen und auf mittlerer Schiene bei 160 °C ca. 25 Minuten backen.

★ Abkühlen lassen, etwas Schokolade (½ Tafel oder mehr) in Stücke teilen und im Wasserbad schmelzen.

★ Die geschmolzene Schoko auf den Muffins verteilen und Kaffeepulver darüberstreuen.

The Careless Lovers sind inspiriert von den frühen Swing-Klängen aus den Straßen und Clubs von New Orleans, Chicago und NYC, und vereinen Vergangenheit und Gegenwart.

Die Band spielt eine Mischung aus traditionellen Jazz-, Blues- und Melodien aus der Swingära. Im Raum Seattle ist die Band eine Fixgröße bei zahlreichen Swingevents.

KAFFEEPUDDING MIT MILCH TAPIOKA UND KAKI-KOMPOTT

veggie

1 Pkg.	Vanille-Pudding-Pulver
	Zucker, braun
2 cl	Rum
1 l	Milch
1 EL	löslicher Kaffee
7 dag	Tapioka-Perlen
1 Dose	Kokosmilch
1 EL	Honig
4	reife Kaki
	Saft einer Limette

★ Den Pudding laut Packungsangabe mit braunem Zucker zubereiten. Zum Kochen des Puddings den löslichen Kaffee und den Rum beigeben. In nasse Formen füllen und bis zum Anrichten kalt stellen.

★ Die Tapioka-Perlen in ca. 600 ml Wasser kochen. Sobald das Wasser kocht, die Tapioka-Perlen hinzufügen und umrühren, bis sie an der Oberfläche schwimmen. Für ca. 5 Minuten kochen lassen. Immer wieder umrühren.

★ Tapioka-Perlen abseihen und abtropfen lassen.

★ Mit der Kokosmilch noch einmal aufkochen. Mit Honig abschmecken und kalt werden lassen.

★ Sollte die Masse zu dick sein, mit Milch strecken.

★ 2 Kakis mit braunem Zucker, dem Limettensaft und etwas Wasser aufkochen, mixen und passieren.

★ Die restlichen Früchte in Spalten schneiden und zum Anrichten verwenden.

MOO & OLLI TIPP

Die Kaki kommt aus Asien und ist eine orangefarbene, tomatengroße Frucht, die aufgrund ihres hohen Provitamin-A-Gehalts als sehr gesund für die Haut und das Immunsystem gilt. Die reife Kaki schmeckt sehr süß. Im Gegensatz dazu bekommt man ein pelziges, herbes Gefühl auf der Zunge, wenn die Frucht noch unreif ist.

KÜRBISKUCHEN MIT BRANDY-SCHLAGOBERS PUMPKIN-PIE WITH BRANDYCREME

Mürbteig

180 g	Mehl
½ TL	Zucker
½ TL	Salz
165 g	Butter, kalt

Für den Belag

430 g	Kürbis (Hokkaido)
185 g	Zucker, braun
1 Msp.	Ingwer, gemahlen
1 Msp.	Muskat, gemahlen
1 Msp.	Nelke, gemahlen
1 Msp.	Zimt, gemahlen
1 Prise	Salz
150 ml	Milch
150 ml	Schlagobers
4 große	Eier

Für die Creme

300 ml	Schlagobers
3 EL	Puderzucker
1 EL	Brandy

★ Für den Boden das Mehl in eine Schüssel geben, Zucker, Salz und Butter dazumengen und zu einem Mürbteig verarbeiten.

★ Dann für etwa eine halbe Stunde in den Kühlschrank stellen.

★ Teig auf eine bemehlte Arbeitsfäche geben, oben auch leicht bemehlen und rund auswallen, so dass er eine 24 cm große Pieform auskleidet inkl. Rand.

★ In der Zwischenzeit den Ofen auf 180 °C vorheizen und die Füllung zubereiten.

★ Den Kürbis halbieren, entkernen, schälen und würfeln. Die Kürbisstücke mit dem Zucker, Ingwer, Muskat, Nelke, Salz, Milch und Obers in einem Topf mischen, zum Köcheln bringen und dann vom Herd nehmen.

★ Auskühlen lassen, pürieren und mit den Eiern kurz verrühren.

★ Die Füllung in die Pieform geben und etwa 45–50 Minuten im vorgeheizten Ofen backen. Die Masse sollte fest sein und der Rand eine goldbraune Farbe haben. Herausnehmen und in der Backform vollständig auskühlen lassen.

★ Vor dem Servieren das Schlagobers steif schlagen, den Puderzucker und Brandy einrühren. Auf jedes Stück Pumpkin-Pie eine große Portion des Brandy-Obers geben.

MOO & OLLI TIPP

Mal eine andere, süße Variante Kürbis zu verarbeiten. Dazu eine
Kugel Walnuss-Eis, herbstlicher kann ein Dessert nicht sein ...

ROTWEIN-GUGELHUPF
RED WINE CHOCOLATE CAKE

200 g	Butter
100 g	Staubzucker
100 g	Kristallzucker
4	Eier
250 g	Mehl
2 TL	Zimt
2 TL	Kakao
100 ml	Rotwein
100 g	Haselnüsse, gemahlen
100 g	Zartbitterschokolade, gerieben
1	Pkg. Backpulver

★ Für den Rotweinkuchen die zimmerwarme Butter mit dem Staubzucker und den Eidottern schaumig schlagen.

★ Eischnee mit Kristallzucker sehr steif schlagen und nach und nach mit den restlichen Zutaten unterheben.

★ Zum Schluss die gemahlenen Nüsse und die geriebene Schokolade untermischen. Die Teigmenge in eine eingefettete und ausgemehlte Kuchenform füllen.

★ Den Kuchen bei 160 °C Umluft ca. 50 Minuten backen.

MOO & OLLI TIPP

Extra Rotwein auf Sirup einreduzieren lassen, mit Zitronensaft und Staubzucker kalt glatt rühren und als Glasur über den Kuchen ziehen.

Anita O´Day, geboren 1919, startete ihre Karriere bereits als Teenager, zunächst als Tänzerin bei Tanzmarathon-Wettbewerben. 1938 hatte sie erste Erfolge als Sängerin. Noch mit 85 Jahren trat Anita O'Day in kleiner Besetzung in Clubs auf. Sie starb 2006 in Hollywood.

RÜHRKUCHEN POUND CAKE

250 g	*Butter*
2 Tassen	*Puderzucker (etwa 250 g)*
3	*große Eier*
2 Tassen	*Mehl (etwa 250 g)*
½ Pkg.	*Backpulver*
1 Pkg.	*Vanillezucker*

★ Den Ofen auf 170 °C vorheizen.

★ Die Butter (zimmerwarm) mit Zucker und Vanillezucker sehr schaumig schlagen.

★ Dann die aufgerührten Eier langsam unterrühren.

★ Zuletzt das gesiebte Mehl locker unterheben, eventuell mit etwas Milch verdünnen.

★ Etwa eine Stunde bei 150 °C in einer Kastenform backen.

MOO & OLLI TIPP

Für unser Rezept haben wir Orangen-Abrieb sowie Orangen-Saft dem Grundteig beigemengt. Funktioniert auch mit Zitrone.

SÜDSTAATEN BUTTERMILCH-BRÖTCHEN

SOUTHERN BUTTERMILK BISCUIT

250 g	Mehl
½ TL	Salz
1 TL	Zucker
½ TL	Backpulver
½ TL	Natron
75 g	weiche Margarine oder Butter
150 ml	Buttermilch

★ Trockene Zutaten in einer Schüssel vermischen.

★ Das Fett mit einer Gabel einarbeiten, bis sich feine Streusel ergeben.

★ In die Mitte eine Vertiefung machen, die Buttermilch hinzugeben und schnell mit der Gabel zu einem Teig verarbeiten. Er darf ruhig noch etwas grob aussehen, keinesfalls gründlich durchkneten, das macht die Biscuits zäh.

★ Teig etwa 1,5–2 cm dick auf der bemehlten Arbeitsfläche flach drücken und mit einer runden Ausstechform (ein Glas tut es auch) Kreise von etwa 5 Zentimetern ausstechen.

★ Auf ein gefettetes Backblech setzen und bei 220 °C 10–15 Minuten backen.

MOO & OLLI TIPP

Was hierzulande als gefülltes Süßgebäck gegessen wird, ist in den USA eine beliebte Beilage zu „Fried Chicken" und Krautsalat. Wichtig bei der Teigzubereitung ist, dass nicht zu lange geknetet wird, denn sonst wird der Teig fest und bekommt beim Backen keine blättrige Form. Wenn Sie den Biscuitteig mit mehr Buttermilch anrühren, lässt er sich ganz einfach, in gefettete und mit Maismehl ausgestreute Muffinformen gefüllt, zu „Drop Biscuits" machen.

Haben Sie Biscuits schon mal mit gesalzener Butter und Honig probiert? Ein Geheimtipp!

TRAUBEN-TIRAMISU IM GLAS

GRAPES TIRAMISU

	Weintrauben, kernlos
100 g	Zucker
1 Pkg.	Vanillezucker
150 g	Magertopfen
250 g	Schlagsahne
150 g	fertiger Vanillepudding
150 g	Mascarpone
2 Pkg.	Kekse (Cookies)

★ Das Schlagobers mit Zucker und Vanillezucker steif schlagen.

★ Den Topfen und den Vanillepudding mit Mascarpone glatt rühren.

★ Diese zwei Massen zusammen zu einer Creme verrühren.

★ Die Kekse zerkleinern.

★ Zum Schichten zuerst die halbierten, entkernten Weintrauben, dann die Creme einfüllen. Mit Keksen bestreuen. Bis zum Glasrand wiederholen.

MOO & OLLI TIPP

Anstatt des Magertopfens funktioniert auch hervorragend Vanillepudding und optisch schöner wird das Dessert mit grünen und blauen Trauben oder sogar mit verschiedenen frischen Beeren.

WAFFEL WAFFLE

veggie

Für den Waffelteig

250 g	Butter
2	Eier
1 l	Milch
500 g	Mehl
1 Pkg.	Backpulver
	Vanillezucker
	Zucker
1 Prise	Salz

★ Die Butter zerlassen und mit Eiern, Milch und Mehl in einer Schüssel gut verrühren.

★ Der Teig sollte von der Konsistenz schön zähflüssig sein. Eventuell mit Milch verdünnen bzw. mit Mehl andicken. Auch Mengenvariationen sind ganz einfach durch weniger oder mehr Anteile an Milch und Mehl möglich!

★ Zum Schluss das Backpulver dazugeben und mit Zucker, Vanillezucker und Salz abschmecken. Wenn der Teig leicht süßlich angenehm schmeckt – perfekt!

★ Nun können die Waffeln gebacken werden!

MOO & OLLI TIPP

Den Teig mit Zimt oder Kakaopulver verfeinern!

MOO & OLLI TIPP

Wie ein Krapfen mit Loch, könnte man respektlos sagen ... Allerdings kommt der US-Donut in weit mehr Variationen daher: verschiedene Teige, köstliche Glasuren von Schoko bis Ahornsirup, Creme- oder Marmeladefüllungen.

In Europa waren Donuts unter dieser Bezeichnung lange Zeit relativ nichtssagend, ab etwa dem Jahr 2000 sind sie hingegen immer öfter anzutreffen. In den USA und Kanada sind sie fest in der Alltagskultur verankert.

ZIMT-KRINGEL

CINNAMON DONUTS JERSEY STYLE

Für den Teig

1 Würfel frische Hefe (42 g)	
150 ml	Milch
150 ml	Apfelmus
40 g	Zucker
600 g	Mehl
½ TL	Salz
1	Ei
70 g	Butter, weich
	Pflanzenöl oder
	Pflanzenfett zum
	Frittieren

Zum Wälzen

100 g	feinster Zucker
1 EL	Zimt

★ Hefe in der Milch auflösen, Zucker einrühren. Stehen lassen, bis der Teigansatz geht.

★ Mehl, Salz, Ei und Butter in eine ausreichend große, verschließbare Schüssel geben, Hefemilch und Apfelmus hinzugießen und alles zu einem glatten Teig verkneten.

★ Teig abdecken und eine Stunde stehen lassen, bis er gut aufgegangen ist.

★ Teig zusammenkneten und in 16 Portionen teilen (etwa 70 g pro Stück, damit die Garzeit bei allen Donuts gleich ist). Jede Teigportion zu einer runden, flachen Kugel rollen. Mit einem runden Ausstecher ein Loch in der Kugel ausstechen.

★ Auf ein mit Backpapier belegtes Blech geben und abgedeckt weitere 20 Minuten gehen lassen.

★ Das Frittierfett auf 175–180 °C erhitzen.

★ Backpapier unter den Teiglingen in Stücke schneiden und mit Hilfe des Papiers immer zwei Stück „kopfüber" in das Frittierfett geben. Von jeder Seite goldbraun frittieren, dann mit einem Lochschöpfer aus dem Fett nehmen.

★ Kurz auf einem Gitter abtropfen lassen und im Zimtzucker wälzen.

> *Kochen ist ein wichtiger Teil des täglichen Lebens. Normalerweise bringt es Leute zusammen, genauso wie die Musik und der Tanz uns Menschen vereint.*

EVITA ARCE

Ich bin immer in Bewegung und tanzte sogar als Baby. Ich war 3 Jahre alt, als ich meinen ersten Tanzkurs besuchte. Als ich dann 18 Jahre alt war, kam ich in der Schule mit dem Swingtanz in Berührung und es hat mein Leben total verändert.

Begonnen habe ich nur, weil es Spaß gemacht hat, sozial ist, körperlich anspruchsvoll und mich glücklich gemacht hat. Ich startete meine erfolgreiche Swingtanzkarriere und bin unglaublich dankbar, weil ich weiß, dass es etwas Glück braucht, seine Leidenschaft zum Beruf zu machen.

Es braucht aber auch viel Ausdauer und harte Arbeit. Alles in allem, ich liebe, was ich tue. Tanzen ist mein Leben. Für meinen Job brauche ich wirklich guten Brennstoff, gutes Essen, um mich fit zu halten.

Als mir Moo & Olli von der Idee ein Swingfood-Kochbuch zu schreiben erzählten, war ich hellauf begeistert und interessiert.

Ich kenne viele Swing-Song-Texte über das Essen und habe es immer genossen zuzuhören, wie albern die Songs geklungen haben. Aber jetzt, wo ich älter bin, verstehe ich auch die Doppelbedeutungen in manchen Liedern, die den Bezug zu Drogen oder Sexualität herstellen.

Ich habe zwei Lieblings-Swing-Songs, die vom Essen handeln. Der erste ist „Potatochips" von Slim Gaillard. Er macht Spaß, hat ein perfektes Tempo für einfaches Tanzen, hat wunderbar vorhersagbare Breaks und ich liebe die Passage, in der er singt, „ chrunchy chrunchy chrunchy ..."

Mein zweites Lieblings-Swing-Lied ist „Beans and Cornbread" von Louis Jordan. Es ist schnell und energiereich und sehr jazzig. Als ich auf dem College zu tanzen begann, machte der Swing-Club T-Shirts, auf denen nur ein Bild von einer Bohne und einem Maisbrot zu sehen war, die miteinander tanzten. Das fand ich damals lustig, weil sich bei diesem Shirt nur die Swingtänzer auskannten, was gemeint war. Außerdem liebe ich es, Bohnen und Maisbrot zu essen. Es war ein Gericht, das bei keinem BBQ in der Mittagspause der Schule fehlte.

Ich genieße es heute mehr selber zu kochen, besonders deshalb, weil ich nun Platz in meiner Küche habe. Und wenn ich koche, läuft bei mir immer Musik. Es macht mehr Spaß und bringt mich in Stimmung. Zum Beispiel höre ich morgens gerne klassische Musik zum Frühstück und ich höre italienische Musik, wenn ich Pasta mache.

Ich denke, die Leute reden gerne übers Essen und was sie mögen. Kochen ist ein wichtiger Teil des täglichen Lebens. Normalerweise bringt es Leute zusammen, genauso wie die Musik und der Tanz uns Menschen vereint. Diese drei Dinge sind gemeinsame Erfahrungen. Und Musik und Nahrung nähren unsere Körper. Sie halten uns gesund und sie sind meiner Meinung nach beide absolut notwendig für das Leben.

Über Evita:

Evita Arce ist eine amerikanische Swing-Tanzlehrerin, bekannt unter anderem für ihre TV-Auftritte mit Partner Mike Jagger in der Show „So You Think You Can Dance". Weiters war sie ebenfalls in dem Swingtanzfilm „Alive and Kicking" zu sehen.

Sie studierte an der University of Texas und machte den Abschluss in Theater und Radio / TV / Film, wo sie einige Monate Iris in der Anime-TV-Serie Sakura Wars sprach und in Los Angeles als Produktionspraktikantin arbeitete.

Evita hat auch in New York City in verschiedenen Studios unterrichtet.

michaelandevita.com

» *Ohne Swing in meinem Leben hätte ich nie den Geschmack von Kimchi in Seoul, Weißwurst in Bayern, einem Blauschimmelkäse von Roquefort-Sur-Soulzon oder Gewürztraminer aus dem Elsass kennengelernt.*

MICHAEL JAGGER

Ich denke definitiv, in vielen Liedern hat man es mit „Doppeldeutigkeiten" zu tun, und die folgende Liste zeigt einige Beispiele, die sexueller Natur sind:

„The Frim Fram Sauce"

„I Like Pie, I Like Cake"

„I Want A Hotdog For My Roll"

„You're Biscuits Are Big Enough For Me"

Dann gibt es Lieder, die ich als lustige und leichtherzige Hinweise auf Essen betrachte:

„Potato Chips" von Slim and Slam

„Shoo Fly Pie" und „Apple Pan Dowdy"

Dass Moo und Olli diesen Liedern darüber hinaus nun ein kulinarisches Gesicht geben, finde ich großartig.

Ich liebe es zu kochen, obwohl ich, um ehrlich zu sein, selten dabei Swing-Musik höre, denn diese höre ich am liebsten bei der Arbeit als Tanzlehrer.

Ich kann nicht sagen, ob ich ein Lieblingsgericht habe, weil diese Welt so viele großartige Gerichte und Küchen hat.

Ich denke, die größte und allgemeinste Ähnlichkeit, die Swing und Kochen (und auch Cocktails) haben, ist, dass sie eine Struktur besitzen und wenn du die Grundlagen/Techniken beherrschst, kannst du innerhalb dieser Grenzen improvisieren, um deinen eigenen, einzigartigen Stil zu erschaffen. Lies das Rezept und ändere dann bestimmte Zutaten, um es zu deinem eigenen zu machen.

Zurück zur Musik. Ich denke, Essen, Liebe/Sex und wirtschaftliche Bedingungen sind universelle Themen, die jede Generation durch Popmusik angesprochen hat. Auch in der Swing-Ära wurden so manche Dinge thematisiert.

Zum Glück habe ich das Swingtanzen am Collage kennengelernt. Die Szene erlebte Mitte der 90er-Jahre einen Aufschwung, nicht unbedingt ein Revival, weil sie nie wirklich verschwunden war.

Ich hatte damals einige Musikvideos von Brian Setzer und Filme wie Swingers, Swing Kids und Malcom X gesehen und war vom Lindy und Swing darin begeistert.

Was als Hobby begann, wurde zur Besessenheit und plötzlich lehrte und performte ich auf der ganzen Welt!

Ohne Swing in meinem Leben hätte ich nie den Geschmack von Kimchi in Seoul, Weißwurst und Weißbier in Bayern, einem Blauschimmelkäse von Roquefort-Sur-Soulzon oder einem köstlichen Glas Rotwein von Chateauneuf-du-Pape oder Gewürztraminer aus dem Elsass kennengelernt, sowie die Weingüter, wo sie hergestellt werden. Tanzlehrer zu sein und der Unterricht haben es mir erlaubt, der Feinschmecker zu werden, der ich bin.

Euer Michael Jagger

ATOMIC COCKTAIL

25 ml	*Bacardi*
25 ml	*Plantation Pineapple Rum*
25 ml	*Crème de Banane*
25 ml	*Zuckersirup*
25 ml	*Limettensaft*
25 ml	*Blue Curacao*
	Limettenscheibe zum Garnieren

★ Alle Zutaten in ein Boston-Glas geben und mit Eis füllen. Geben Sie ihnen einen kräftigen „Shake" und streiche Sie alles in ein Coupe-Glas.

★ Mit einem Limettenrad am Rand des Glases garnieren.

MOO & OLLI TIPP

Warnung: Dieses Rezept ist gefährlich köstlich.

Mit Vorsicht zu genießen, zumal es relativ einfach in der Herstellung ist.

Um dem Ganzen den letzten Schliff zu geben, fügen wir auch einen Hauch reifer Banane hinzu.

EIS-MILCHSHAKE MIT DEM GEWISSEN ETWAS MILKSHAKE DELUXE WITH „KICK"

3 Kugeln	Vanilleeis
¼ l	Milch
5	Cookies (z. B. Oreos)
2	Cookies (zum Verzieren)
2 EL	Schokosauce
4 cl	brauner Rum

★ Für den Cookie-Milchshake zunächst das Eis mit der Milch und den 5 Cookies in einen Standmixer geben und gut mixen.

★ Den Cookie-Milchshake in ein Glas füllen. Einen der verbliebenen Cookies zerbröseln.

★ Die anderen Cookies auf den Glasrand stecken und den Shake mit den Cookie-Bröseln garnieren.

MOO & OLLI TIPP

Je nachdem, ob der Cookie-Milchshake dicker oder dünnflüssiger werden soll, kann die Milchmenge entsprechend variieren.

175

HAUSGEMACHTE ZITRONENLIMONADE „US STYLE" FRESH HOMEMADE LEMONADE

Für den Sirup

6	Zitronen (unbehandelte)
700 g	Kristallzucker
2 TL	(gestrichene) Zitronensäure
1,2 l	kochendes Wasser
etwas	Tonkabohnen Abrieb

Für die Limonade

Sodawasser/Mineralwasser
Eiswürfel
Zitronenscheiben

★ Für den Zitronensirup 3 Zitronen schälen.

★ Die restlichen Zitronen mit der Handfläche über die Arbeitsplatte rollen, damit sie sich besser pressen lassen, danach halbieren und auspressen.

★ Etwas Tonkabohnen reiben und dazugeben.

★ Den Zucker in ein Gefäß geben und ½ Liter kochendes Wasser darübergießen.
So lange umrühren, bis sich der Zucker aufgelöst hat, danach die Zitronensäure, die Schalen und den Zitronensaft untermischen.

★ In Flaschen abfüllen und kalt stellen (ca. 3 Wochen haltbar).

★ Den Sirup mit Eiswürfeln in ein Glas geben und mit dem Sodawasser aufspritzen.

★ Mit frischen Zitronenscheiben garnieren.

MOO & OLLI TIPP

Die Limonade kann ebenso mit frischen Beeren und Kräutern wie Thymian, Minze oder Melisse als Garnitur serviert werden.

Herrlich schmeckt sie auch mit Gin oder Wodka.

HOLUNDER-SHERRY-HEIDELBEER-BOWLE

HEP CAT'S BOWLE

500 g	frische oder gefrorene Heidelbeeren
175 ml	Holunderblütensirup
4 EL	Limettensaft
2	Limetten
5 Stiele	Minze
250 ml	eiskaltes, kohlensäurehaltiges Mineralwasser
250 ml	eiskaltes „KELI ZITRONE" (Zitronen-Limonade)
1 Flasche	eiskalter, trockener Sekt (750 ml)
	Dash Sherry
	Eiswürfel

★ Die frischen Beeren in das Bowle-Gefäß geben und den Holunderblütensirup dazugießen.

★ Eine halbe Limette auspressen und den Saft zugeben.

★ Die restlichen 1,5 Limetten in dünne Scheiben schneiden und zu den Beeren geben.

★ Die Blätter vom Minzestängel zupfen, in Streifen schneiden und im Mörser leicht anreiben. Diese nun auch zu den Beeren geben.

★ Mit Mineralwasser, KELI Zitrone und dem Sekt aufgießen. Einen Schuss Sherry dazugeben, einmal gut umrühren, Eiswürfel nach Bedarf in die Schüssel geben und genießen.

MOO & OLLI TIPP

Super zum Vorbereiten, frisch mit dem Sekt aufgießen, an heißen Tagen ein Genuss!

HONOLULU TIKI TIKI ZOMBIE

2 cl	Cointreau
4 cl	Rum, weiß
4 cl	Plantation Pinapple Rum
2 cl	Plantation Barbados Rum
2 cl	Grenadine
2 cl	Maracujasirup
4 cl	Orangensaft
2 cl	Zitronensaft
6 cl	„KELI-ANANAS" (oder Ananassaft)
0,2 l	Crushed Ice
1	Orangenscheibe (zum Dekorieren)
1 Stiel	Melisse (zum Dekorieren)

⭐ Die Zutaten Cointreau, alle Rum-Sorten, Grenadine, Maracujasirup, Orangensaft, Zitronensaft und Ananassaft mit Crushed Ice im Shaker kräftig schütteln und in ein Longdrinkglas abseihen.

⭐ Mit Melisse und einer Orangenscheibe garnieren.

MOO & OLLI TIPP

Es war einmal ein verkaterter Amerikaner, der einen Barkeeper als Freund besaß. Dieser mixte ihm einen neu erfundenen Cocktail gegen die Kopfschmerzen. Als der Amerikaner die Bar verließ und nach San Francisco flog, fühlte er sich den ganzen Tag lang wie ein Untoter. Der Barkeeper benannte daraufhin den tückischen Cocktail aus bis zu sechs verschiedenen Rumsorten „Zombie".

Mahalu! (Hawaiianisches Prost)

KAFFEE-COCKTAIL FÜR STARKE STUNDEN ICE COLD MOONSHINER COFFEE

2 cl	Moonshiner
200 ml	starker Espresso
2 EL	Schlagobers, geschlagen
2 TL	Zucker
	Crushed Ice

★ Espresso stark zubereiten, mit Zucker abschmecken und kalt stellen.

★ In ein hohes Glas den Moonshiner mit Crushed Ice geben, Espresso dazuleeren.

★ Das Schlagobers geschlagen als Dekoration darübergeben und eiskalt servieren.

MOO & OLLI TIPP

In den USA werden schwarz gebrannte Spirituosen als Moonshiner bezeichnet. Dieser Name stammt aus der Prohibitionszeit, während der die Schwarzbrenner in den ländlichen Gegenden nachts ihren Alkohol brannten. Dadurch konnten sie die versteckten Destillen vor den Prohibitionsagenten verbergen.

Meistens wurde der Maisschnaps aus Einweckgläsern standesgemäß genossen.

PFIRSICH-BOWLE CALIFORNIA PEACH BEACH

veggie

8	frische Weinbergpfir- siche (wenn Saison ist, sonst Dosenfrüchte)
½ l	Wasser
etwas	Gewürz-Läuterzucker
1 EL	grüner Tee
¼ l	Pfirsichsaft
¼ l	„KELI-MARACUJA" (oder Maracujasaft)
6 cl	Malibu
1 Fl.	Sekt oder Prosecco
einige	Zitronenscheiben
einige	Eiswürfel
	frische Melisse

★ Das Wasser in einen Topf geben und zum Kochen bringen. Nun den grünen Tee hinzugeben. Bei geschlossenem Deckel 5 Minuten ziehen lassen.

★ Abseihen und kalt stellen.

★ Mit Malibu, Pfirsichsaft und KELI Maracuja sowie Sekt aufgießen.

★ Die in kleine Würfel geschnittenen Pfirsiche einlegen, kalt stellen und mit dem Läuterzucker abschmecken.

★ Mit Eiswürfeln und frischer Melisse servieren.

MOO & OLLI TIPP

Die Geschichte der Bowle, dem englischen „bowl" = Napf entlehnt, nimmt im 18. Jahrhundert ihren Lauf. Was aus dem altenglischen Ausdruck „bolla" = Schale kommt, ist heute in der gängigsten Übersetzung des Begriffs die „Schüssel". Im 19. Jahrhundert wurde eine der heute beliebtesten Bowlen, die auf Waldmeister basierende Maibowle, kreiert. Die erste Bowle wurde wahrscheinlich viel früher serviert, so sagt es ein Buchfund aus der Klosterbibliothek zu Fulda. In einer Schrift von 1417 wird ein Getränk erwähnt, das aus Wein, Rosenblüten, Fichtennadeln und Honig besteht und in einem bowleähnlichen Gefäß serviert wurde. Die Bowle erfreute sich vor allem während der 1950er- bis 1970er-Jahre großer Beliebtheit als Partygetränk.

TRINKSCHOKOLADE „DELUXE" MIT MARSHMALLOWS UND ZUCKERWATTE

DRINKING CHOCOLATE „DELUXE" WITH MARSHMALLOWS AND COTTON CANDY

3 Portionen

½ l	Milch
100 g	Schlagobers
120 g	Schokolade geschmolzen (Milch- und/oder Bitterschokolade, Kuvertüre etc.)
½	Vanilleschote (Mark und Schote)
ev. 1½	Esslöffel reines Kakaopulver

★ Schokolade in kleine Stücke schneiden und im Wasserbad auf mittlerer Hitze langsam schmelzen.

★ Nebenbei Milch, Sahne und ca. 50 Milliliter Wasser mit der Vanilleschote zum Kochen bringen.

★ Die geschmolzene Schokolade in die warme Milch einrühren.

Außergewöhnliche Varianten

… beim Aufkochen der Trinkschokolade Kräuter beigeben:

★ z. B. frische Pfefferminze oder frischen Ingwer

★ Zuerst zerkleinern und dann mit der Schokomasse köcheln lassen.

… auch spannend: mit fruchtigem Rotwein:

★ Die Schokomasse und den Rotwein zusammen erwärmen.

… oder einem Hauch Asia:

★ Chilipulver, Honig und ½ Teelöffel Matchapulver beim Aufkochen beimengen. Vorsicht, sehr intensiv!

… mit Marshmallows und bunten Streuseln:

★ Die Zutaten auf die Schokoladenmasse legen und schmelzen lassen.

MOO & OLLI TIPP

Um das Schokoaroma zu verstärken, rühren Sie 1½ Esslöffel reines, gesiebtes Kakaopulver in die Masse ein oder raspeln Sie feine Bitterschokolade noch dazu.

Elvis Aron Presley wurde in East Tupelo, Mississippi/USA als Sohn eines Baumwollpflückers und einer Näherin geboren. Erste Gesangserfahrungen sammelt Presley im Kirchenchor. Der Hüftschwung des Sängers ist legendär – ihm verdankt er auch den Spitznamen „Elvis the pelvis" („Elvis, das Becken"). In den 1950er-Jahren fanden viele Konservative seine Bewegungen allerdings zu anstößig. Das ging sogar so weit, dass ihm in manchen Bundesstaaten der Hüftschwung bei Konzerten verboten wurde. Elvis Presley wird bis heute zu recht verehrt als der King of Rock 'n 'Roll.

DIE ERDNUSSBUTTER-BANANEN-TOASTS UND DER TRAURIGE KÖNIG

Was sollen wir Euch über den King of Rock'n'Roll noch erzählen? Doch da gibt es etwas! Elvis Aron Presley liebte das Essen und die Südstaatenküche! Wer schon mal Smoked Pork Sandwiches oder ein gutes Jumbalaya gegessen hat, nicht zu vergessen goldgelbe Sweetcorn-Cakes, gegrillte Cheeseburgers und Buttermilk-Cornbread oder butterzart-feuerscharfe Ribs vom Grill, der fühlt mit Elvis. Schon zum Frühstück gab es ordentlich was aufs Tablett. Elvis liebte es im Bett zu essen ... Weißbrot-Toast in Butter getaucht, knusprig gebräunt und mit kross gebratenem Speck, Bananenmus und Erdnussbutter. Das gehörte zu seinen Lieblingsspeisen, angeblich konnte er bis zu 12 Stück auf einen Schlag essen. Aber es gab auch Gerichte, die er gar nicht mochte, weder Fische noch Meeresfrüchte konnte Elvis leiden. Die langjährige Köchin des King, Mary Jenkins, wurde von ihm mit einem Haus beschenkt. Ihre Gerichte wie gefüllte Ente, Roastbeef dazu Saucenkartoffel oder Nudelsalat und gebratenen Speck liebte er und belohnte sie deswegen. Laut einem Zitat von Mary Jenkins war „das Einzige, was ihm in seinem Leben Freude bereitete, das Essen". In the name of Soulfood ... wer das traurige Ende des unvergessenen Genies kennt, kann sich das gut vorstellen. Dear Elvis, heaven counts no calories!

STEPHAN WUTHE

Stephan Wuthe, 1966 geboren, ausgebildet als Theaterplastiker, Mode- und Screendesigner, hat seine Leidenschaft für die Musik und das Lebensgefühl des Swing zu seinem Beruf gemacht: als Autor, Journalist, als Herausgeber und Bearbeiter historischer Swing-Serien, als Berater neuer Swing-Orchester und als DJ für Swing-Abende. Er hat nicht nur eine unermessliche Sammlung von Dokumenten.

Er war bereits im Alter von 10 Jahren auf diversen Trödelmärkten zu Hause, immer auf der Suche nach alten Schellackschallplatten, Fotos, Katalogen, Programmen zum Thema SWING und TANZMUSIK im Berlin der 20er bis 40er Jahre.

Da ich gutes Essen und Musik sehr schätze, koche ich auch hin und wieder und finde es gut, dass es endlich ein Buch gibt, welches beide Dinge vereint.

Durch meine Sammelleidenschaft von Swing Schellacks ist mir durchaus bewusst, dass es in vielen Interpretationen der Titel Doppeldeutigkeiten gibt.

In der tristen Zeit der großen Depression, wo die Menschen kaum etwas hatten, konnte durch die Swingmusik, Alltagsthemen, die von Bedeutung waren, indirekt angesprochen und thematisiert werden.

Somit war es den Menschen möglich, eine Sehnsucht durch zu Swing zu stillen. „Cook that Stuff".

Persönlich esse ich gerne flaumigen Kaiserschmarren, aber gutes Steak ist auch nicht zu verachten.

Mein Lebensrezept lautet wie folgt: „Dip it in the gravy and it comes out - ooohhh so good" (Cleo Brown „Cook That Stuff", auch doppeldeutig ...)

Gutes Essen ist wie guter Sex, gutes Tanzen ist wie guter Sex, gutes Essen ist wie gutes Tanzen zu meiner geliebten Swingmusik.

swingtime.de

188

» Gutes Essen ist wie guter Sex, gutes Tanzen ist wie guter Sex, gutes Essen ist wie gutes Tanzen zu meiner geliebten Swingmusik. «

» VIDEO
Belle Affaire

BELLE AFFAIRE

Bei unserem letzten Besuch in der Bundeshauptstadt Wien trafen wir uns mit Werner Dorfmeister, Bassist und Band-Leader der Band Belle Affaire, um die langjährige Freundschaft zu pflegen und uns mit ihm über unser Buch zu unterhalten. Wir kennen Werner als Musiker und liebenswerten Freund.

Da wir gemeinsam schon Veranstaltungen bestritten haben, wo wir gutes Essen und mitreißende Musik miteinander kombinierten, wissen wir natürlich und Werner bestätigte es uns nochmal:

„Ich esse lieber, als selbst zu kochen, weil es andere einfach besser können. (Verneigt sich kurz zu uns und schmunzelt.) Aber ich habe ein starkes Interesse an Kulinarik, für Zutaten, deren Herkunft und Herstellung, auch für Küchenwerkzeuge, generell für die Kochkunst. Ich bewundere Menschen, die all das Wissen in diesem Zusammenhang in Speisen verarbeiten und schmeckbar machen können. Ich liebe ordentliche Steaks, frisch vom Grill, von der Flamme geküsst (ein plötzliches Leuchten in den Augen und grinst), habe aber auch oft Lust auf knackige Salate in jeder Form! Aber alles in Maßen, um fit zu bleiben und gut auszusehen! (Augenzwinkern)

Übrigens finde ich es eine herrliche Idee, ein Kochbuch mit Rezepten zu füllen, die durch Swing Songs inspiriert oder überhaupt durch Song-Texte entstanden sind!

Für einen Musiker, wenn man über euer Buch-Thema nachdenkt, liegt es klar auf der Hand: Es gibt mindestens so viele Songtexte über das Essen wie über die Liebe. Und ebenso wie bei der Liebe sind es positive und weniger schöne Statements in Form von Songtexten - es wird von schmackhaftem Essen geträumt oder dargetan, welche Speisen aus welchen Gründen für jemanden überhaupt nicht in Frage kommen. Die Songtexte können die Kochkunst von jemandem besonders hervorheben oder sch(m)erzhaft darauf hinweisen, wenn jemand alles andere als kochen besser kann. Die Themen und Aussagen sind sehr vielfältig und mindestens so unendlich wie die Kombinierbarkeit von Zutaten zu gutem Essen! Was liegt also

näher, als so essentielle Genüsse wie Musik und Essen zu einem Lied zu verbinden?

Musik ist eine großartige Möglichkeit, Sehnsüchte und Träume auszudrücken. Die Geschehnisse haben die Musik und die Texte dieser Zeit ganz sicher beeinflusst. Jede Zeit hat ihre Musik, die ein Spiegelbild der Umstände darstellt."

Auf unsere Frage, ob uns Werner spontan ein paar Songs, die von Essen oder Trinken handeln, aufzählen kann, nimmt er einen Schluck vom guten ⅛ l Hagn Blauer Zweigelt und grinst hämisch:

„Burschen, wie lange soll die Liste werden oder wie viele Seiten hat euer Buch, sie aufzuschreiben?" (Lacht)

Da wir wissen, dass Werner manches Mal seine Musikinstrumente weglegt, um das Tanzbein auch selbst zu s(ch)wingen, unsere Frage, wie er zum Tanzen gekommen ist und ob es sein Leben verändert hat:

„Ich wollte mich zusätzlich zu der Musik, die ich liebe, die ich selbst spiele, auch in Form von Tanzen ausdrücken können. Durch das Tanzen habe ich unglaublich viele interessante Menschen kennenlernen dürfen und darf immer wieder erleben, was für eine positive und verbindende Wirkung das Tanzen für Menschen hat.

Lieber Moo & Olli,

im Namen unserer Band ‚Belle Affaire' möchte ich euch sagen, wie sehr wir uns freuen, ein Teil dieses Buches zu sein, und wir wünschen e uch

1000 Mal ‚die Freude am Leben' die durch (Swing-) Musik und Essen, Tanzpartys und die Leute entsteht!"

Euer Werner Dorfmeister

belleaffaire.at

191

MOO & OLLI TIPP

Patootie bedeutet umgangssprachlich Hintern (Gesäß) oder auch flotte Biene.

Unser Apfel-Honigessig-Rezept eignet sich für die Vorbereitungsküche im Sommer, so hat man in den Wintermonaten einen Hauch Spätsommer-Apfelgarten in seinem Salat. Auch ein ideales Mitbringsel für Gäste.

AMERIKANISCHER HONIG-APFELESSIG

AMERICAN HONEY AND APPLE VINEGAR

1 kg	*Äpfel (säuerlich, Bioqualität)*
1 l	*Balsamicoessig (hell)*
300 g	*Honig*

⭐ Für den Apfel-Honigessig die Äpfel zuerst gut waschen.

⭐ Je nach Größe vierteln bzw. achteln.

⭐ Den Essig leicht erwärmen und den Honig darin vollständig auflösen.

⭐ Die Äpfel in ein ausreichend großes verschließbares Gefäß (vorher unbedingt auskochen) schlichten und mit dem Honigessig übergießen.

⭐ Das Gefäß verschließen und für zirka 3–4 Wochen an einen hellen Ort stellen.

⭐ Das Glas immer wieder schütteln.

⭐ Den Essig durch ein feines Sieb abgießen und den Apfel-Honigessig in eine Flasche umfüllen.

Ella Fitzgerald wuchs in Yonkers nahe New York auf, sie war seit ihrem 14. Lebensjahr Vollwaise. Als Sängerin debütierte sie mit siebzehn im legendären Apollo-Theater in Harlem.

Sie wurde die „First Lady of Song" genannt.

veggie

GEWÜRZLÄUTERZUCKER

SPICES SUGAR SYRUP

150 g   Zucker
150 ml Wasser

★ Das Zucker-Wasser-Gemisch im Verhältnis 1:1 kurz aufkochen lassen, bis sich der Zucker zur Gänze aufgelöst hat.

★ Für unseren Gewürzläuterzucker kann nach Bedarf und persönlichem Geschmack z. B. mit Vanille, Zitrus-Zesten und unzähligen anderen Kräutern gewürzaromatisiert werden.

★ Gelegentlich bildet sich beim Kochen an der Oberfläche etwas Schaum aus leichten Verunreinigungen, diesen vor der Verwendung abschöpfen.

★ Der fertige Läuterzucker kann jetzt je nach Rezept heiß oder kalt eingesetzt werden.

★ Wer den Zuckersirup auf Vorrat zubereiten möchte, kann den heißen Läuterzucker in saubere Flaschen geben. Ordentlich verschlossen hält er sich gut im Kühlschrank. Vor dem Befüllen sollten die Flaschen noch einmal mit heißem Wasser ausgespült werden.

★ Die Vorteile des Zuckersirups sind die einfache Dosierung und dass er nicht mehr auskristallisiert.

MOO & OLLI TIPP

Dieser Zuckersirup ist die Zutat bei sehr vielen Cocktails. Er dient als Süßungsmittel in Bar und Küche oder als Grundbasis für Limonaden und Drinks.

HAUSGEMACHTE KARAMELLCREME

BUTTERSCOTCH SAUCE

veggie

1	Vanilleschote
150 g	Schlagobers
100 g	brauner Zucker
50 g	Butter
etwas	Salz

★ Die Vanilleschote der Länge nach aufschlitzen und das Mark herauskratzen.

★ Das Vanillemark zusammen mit den restlichen Zutaten in einen kleinen Topf geben und bei starker Hitze unter Rühren erwärmen, bis sich Butter und Zucker vollständig aufgelöst haben.

★ Die Mischung zum Kochen bringen, dann gleich die Temperatur reduzieren und die Sauce 5–10 Minuten bei geringer bis mittlerer Hitze leicht köcheln lassen, bis sie sämig ist.

★ Die Sauce eventuell noch mit etwas Salz abschmecken. In Flaschen oder Gläser füllen, gut verschließen und abkühlen lassen.

MOO & OLLI TIPP

Im Kühlschrank aufbewahren. Vor Gebrauch aufschütteln oder leicht erwärmen. Ideal für Desserts und Eis wie z. B. Bananasplit.

MANDEL-KARAMELL-POPCORN

ALMOND CARAMEL POPCORN

veggie

4 EL	Öl
80 g	Popcorn-Mais
2 EL	Butter
150 g	Zucker
5 EL	Honig
Prise	Salz
4 EL	gehackte, geschälte Mandeln

★ Öl in einem weiten Topf bei mittlerer Hitze erhitzen. Mais zugeben, sodass der Topfboden gleichmäßig bedeckt ist. Topf mit einem Deckel schließen und den Mais bei milder Hitze 4–5 Minuten aufpoppen lassen. Topf kurz durchrütteln und geschlossen lassen, bis keine Geräusche mehr zu hören sind. Popcorn in eine große Schüssel geben.

★ Butter, Zucker, Honig und 1 Prise Salz bei mittlerer Hitze unter Rühren 3–4 Minuten kochen, bis die Masse hellbraun karamellisiert ist. Mandeln untermischen.

★ Popcorn mit der heißen Zuckermasse beträufeln, mit einem Holzlöffel durchmischen und kurz abkühlen lassen. Popcorn mit den Händen grob auseinanderbrechen.

MOO & OLLI TIPP

Super eignet sich ein Topf mit Glasdeckel. So kann man gut sehen, wann das Popcorn fertig ist.

SELBST GEMACHTES ROSMARIN-ZITRONEN-SALZ HOMEMADE ROSEMARY-LEMON-SALT

Für 2 Gläser a 160 ml

320 g	*grobes Meersalz*
4 Zweige	*frischer Rosmarin*
	Abrieb von 2 Bio-Zitronen

★ Die Gläser sollten vorher mit kochendem Wasser ausgewaschen werden und anschließend komplett getrocknet sein.

★ Rosmarinzweige abzupfen und die Nadeln sehr fein hacken.

★ Die Schalen der Zitronen mit einer feinen Reibe abreiben (Zesten) und zusammen mit dem Salz und dem Rosmarin vermischen.

★ In Gläser füllen, luftdicht verschließen ...

MOO & OLLI TIPP

... und schon ist das Geschenk fertig.

Das Salz schmeckt herrlich zu Hühnchen- und Fischgerichten, passt aber auch sehr gut zu Ofenkartoffeln.

BYE MAXENE

Drei Grazien in Nylonstrümpfen und ihre aufsehenerregende Combo – diese Sweethearts sorgen für betörte Herzen, verdrehte Köpfe und knallende Schuhsohlen. Moo & Olli trafen die bezaubernden Damen auf einen Plausch im schattigen Cafe und konnten so die drei befragen.

Wir alle in der Band kochen sehr gerne und da wir uns der Swing-Musik verschrieben haben, klingt ein Kochbuch zu diesem Thema sehr interessant.

Die Idee Essen mit Musik zu verbinden gefällt uns, durch unsere Interpretation von Songs aus dieser Zeit, unter anderem die der Andrews Sisters, kennen wir zwei Lieder, die – zumindest beim ersten Hinhören – von Getränken handeln: Java Jive und Rum and Coca Cola.

Früher hatte man nicht die Möglichkeit, offen über so manche Themen zu singen, da musste man eben auf Vergleiche ausweichen. Der „Spinach Song" verdeutlicht wunderbar, dass der Text durch den Interpretationsfreiraum an Spannung gewinnt und sich jede/r seine bzw. ihre eigene Geschichte dazu überlegen kann. All diese Dinge transportieren ein Lebensgefühl, das sich wunderbar mit den Annehmlichkeiten der heutigen Zeit kombinieren lässt.

Essen in der Musik wurde auch als Metapher für ein erfüllendes Lebensgefühl verwendet. Spontan fallen uns folgende Songs ein.

Banana Split for my Baby – Louis Prima
Struttin' With Some Barbecue – Louis Armstrong
Tasty Pudding – Miles Davis

Wir bemühen uns auch im stressigen Probe- und Touralltag frisch Zubereitetes zu essen.

Vermutlich ist ein gutes Lebens-Rezept, auf den eigenen Geschmack zu vertrauen und auch alle anderen ihre eigenen Süppchen brauen zu lassen – ob sie einem schmecken oder nicht.

byemaxene.com

» VIDEO
Don´t sit under the apple tree

WIR SAGEN DANKE!

Als Autoren sind zweifelsohne immer Moo & Olli im Fokus, aber wir wissen und schätzen sehr die vielen lieben Menschen, die uns bis hier begleitet haben, und wollen uns bei allen, die unser Projekt unterstützt haben, sehr herzlich bedanken. Von der Idee eines Einzelnen bis zum fertigen Buch, welches Sie gerade lesen, bedarf es vieler Personen, die eine solche Entstehung und Veröffentlichung erst ermöglichen. Wir sind sehr froh darüber, so viele alte Freunde aus unserem engeren Umfeld sowie auch neue Wegbegleiter und neue Freunde gefunden zu haben, die uns beim Vorhaben „Swingfood Kochbuch" tatkräftig unterstützten.

Das Besondere war, dass durch unsere Freunde und Partner alles wie in einem Schweizer Uhrwerk funktionierte – ohne Sand im Getriebe. Im Gegenteil, das Ölkännchen mit der Aufschrift „Motivation, Hilfsbereitschaft & Durchhaltevermögen" wurde immer brav weitergegeben und das Werkel geschmiert.

» VIDEO
Kochbuch Interview

Zunächst richtet sich unser Dank an all die vielen Beteiligten und Befürworter unseres Crowdfunding, welche uns erst recht zum Start ermutigt haben. Besonderen Dank an: Tanzkommune Linz, All that Swing Salzburg, Shake, Rattle & Swing Innsbruck, The Lindy Cats Graz, Tanzschule Conny und Dado Graz sowie Gerhard Sandmayr.

Weiters danken wir Wolf Ruzicka vom Freya Verlag für sein Vertrauen und dafür, dass er von Anfang an an dieses Projekt geglaubt hat. Wir danken ebenfalls Kristiane Ecker (ebenfalls begeisterte Swingtänzerin), welche unsere Ideen fabelhaft grafisch in diesem Buch verwirklichte und es zu etwas Besonderem machte. In diesem Zuge ebenso großes Lob und Danke an Monika Perner, die sich von Beginn an unseren geistigen Ergüssen im Buch widmen durfte und unser Küchen-Kauderwelsch in Form aufs Papier brachte. Wir bedanken uns auch noch recht herzlich bei unseren grandiosen Interview-Partnern und -Partnerinnen für die wundschönen Wortspenden: Norma Miller, Jean Veloz, Rusty Frank, Augie Freeman, Evita Acre, Michael Jagger, Mandi Gould, Marcus Koch, Florian Pogats, Stephan Wuthe, Bye Maxene und Belle Affaire.

Danke an Marvin Laimer und Silke Traunfellner sowie das Team von WESUAL CLICK, welches uns eine plug-and-play-Fotobox zu Verfügung stellten, mit der wir in kürzester Zeit und unter Eigenregie all unsere Food-Fotografie hochprofessionell realisieren konnten.

Liebe Petra Fröschl, noch immer müssen wir lachen, wenn wir an unser Fotoshooting denken. Hat wahnsinnigen Spaß gemacht und es sind unglaublich tolle Bilder geworden. Wir danken dem Team 7Hauben, die uns mit einigen tollen Food-Videos unterstützt haben, und weiters ein zutiefst herzliches „Vergelts Gott" an Martin Dörsch, der kurzfristig für uns ein Making-of sowie ein Interview-Video produzierte.

Sehr geehrte Sponsoren & Partner, danke für das Vertrauen und Ihre Investitionen in uns. Egal ob Hermann, Haka Küchen Traun, Transgourmet, Cook, KELI und Global Messer – Danke für die Zusammenarbeit. Aber auch nicht zu vergessen: Ein großes DANKE an das Salonschiff Fräulein Florentine und das Team rund um Berthold Zettelmeier und Hannes Langeder für ihre Unterstützung und dass Sie Swingtanzen in Linz in einer einzigartigen Atmosphäre und Location ermöglichen. Ahoi, oh du unsere Homebase, unser geliebtes Schiff!

Hepcats and Kittens, Jitterbug's, Lindy Hoppers, Jivers, Rockabilly's, Freunde der entarteten Musik, des Tanzes der 30's, 40's & 50's, der Szene in Österreich und der ganze Welt – Ihr seid der Wahnsinn und wir lieben Euch – tragt unser Werk als Botschaft des Swing hinaus.

Selbstverständlich geht der Dank auch an all unsere Liebsten zuhause. Danke, dass ihr in der Realisierungsphase immer hinter uns gestanden seid. Vielen Dank an alle – wir wissen das sehr zu schätzen.

Wir bedanken uns auch bei all jenen, die unser Buch noch kaufen werden, und wünsche viel Spaß beim Lesen und Nachkochen.

Herzlichst MOO & OLLI

swingfood.at

Danke

freya BUCHTIPPS

Diana Pyter

Saftladen
Vitalstoffreiche Rezepte für mehr Energie, Anti-Aging und ein gutes Immunsystem

Wie wäre es mit einem erfrischenden Jugend-Elixier-Saft, einem Anti-Aging-Smoothie, einem Stoffwechsel-Pusher oder einem Ingwer-Shot zur Stärkung des Immunsystems?
All diese leichten, erfrischenden und gut bekömmlichen Köstlichkeiten voller Vitalstoffe können Entsafter im Handumdrehen zaubern. Frisch gepresste Säfte, Smoothies, Shots und Suppen haben viele positive Effekte – als Energiekick, Vitaminbombe oder Beauty-Elixier und Hilfe beim Abnehmen und Fasten.

ISBN 978-3-99025-327-4

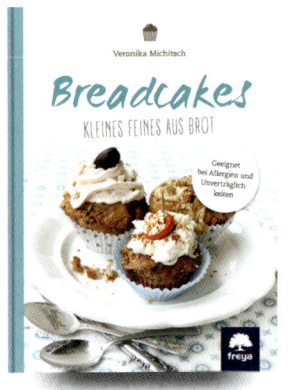

Veronika Michitsch

Breadcakes
Kleines Feines aus Brot

Sie richten sich an alle, die an Nahrungsmittelunverträglichkeiten leiden oder sich gerne kalorien- und gesundheitsbewusst ernähren. Breadcakes schenken ein neues, leichtes Lebensgefühl, das zum angesagten Do-it-Yourself-Lifestyle passt. Auch Ihre Gäste dürfen staunen, wenn Sie Ihre Breadcakes, verziert mit angeleiteten Handarbeiten, zu einem besonderen Augenschmaus machen!
Ein Backbuch, das sich mit der Nische der Ess-Sensibilität auf kreative Art und Weise beschäftigt!

ISBN 978-3-99025-294-9

Weiteres Bildmaterial: © Fotolia: cummings00, Ron Dale, artdee2554, rdnzl, inga, olly, photo5963_fotolia, jakkapan, Lysenko.A, zionbalkon, Strawberry Blossom